JN088541

子どもの非認知能力が育つ！

が育つ！

自分と他者を
大切にする **33** のワーク

高口恵美（精神保健福祉士、社会福祉士、公認心理師）【編著】

合同出版

まえがき

　この本には「非認知能力」と「自分を他者大切にする力」を高めることを目的とした33のヒントが詰まっています。

　「なんだか嫌だな」「本当はそう思ってないのに……」そんな気持ちのまま、相手に合わせすぎて心が疲れていませんか？

　そんな時は無理をせず、あなたの本当の「想い」を大切にして欲しいのです。自分の心のままに振る舞うことは、わがままを言う、ルールを無視することとは違います。

　みんなと同じ意見、正解を探してしまうのはなぜでしょう。自分に自信が持てない、自分のことが好きになれない。そんな気持ちが奥底に潜んでいるのかもしれません。

　あなたが嫌いなものは嫌い、好きなことは好きだと思っていいのです。受け入れられない要求に対しては、自分がどう思っているか感じているかをていねいに伝える。まずはそこから始めましょう。

　そのためにも「自分の想いに気づく」というスキルは、あなたを大切にすることにとても役立ちます。

　ノートに書き留めたり、声に出したり、チェックシートを活用したりしながら、自分の気持ちや行動を見つめなおす時間も取り入れてみてください。心と身体で感じている反応は、あなたが「想い」に気づく手助けをしてくれます。

　周りで起こっているいろんな問題が自分のせいに思えて抱え込んでいませんか？あなたにとって大切な相手であるほど、他人の問題も自分の問題のように感じたり、自分が関係しているように感じたりしてしまいます。

　周りの人の問題と自分の問題は、分けて考えることが大切です。不安や困りごとを相談する人や場所はありますか？　誰かに話すことで、気づけなかった自分自身の気持ちが引き出されることがあります。ぼんやりとしていた悩みの輪郭が、会話を通じて見えてくることもあります。

　誰かに解決してもらうためではなく、自分の想いと向き合うために、誰かに相談してみることもおすすめします。

　あなたの大切なものは何ですか？　あなたが心地よいと思える場所はどこですか？この本のワークを通して、振り返ってみましょう。

筆者一同

※非認知能力とは、「意欲」「セルフマネジメント」「コミュニケーション」など、点数化（数値化）できない力を指します。生き抜くための力とも言えます。

もくじ

1章 日常生活のストレス・自己管理

2章 もっと上手な人との付き合い方

3章 好きな人、性のこと、コンプレックス

4章 家族関係の悩み

non-cognitive skills

自己紹介シート

にがお絵

私の名前は＿＿＿＿＿＿＿＿＿＿＿＿＿＿＿＿＿です。

＿＿＿＿＿＿＿＿＿＿＿＿＿＿って呼んでください。

私は＿＿＿＿＿＿＿＿学校の＿＿＿＿年生です。

私を一言でいうと＿＿＿＿＿＿＿＿＿＿＿＿＿＿＿＿＿＿です。

好きなことベスト３	苦手なことベスト３
👑1	👑1
👑2	👑2
👑3	👑3

やってみたいことベスト３	なりたい自分３カ条
👑1	👑1
👑2	👑2
👑3	👑3

話し合いのルール

　この本には、グループワークがたくさんあります。

　話し合いを、難しい言葉で「対話（ダイアローグ：dialogue）」と呼びます。対話とは「お互いの想いや考えを言い合ってお互いと自己の理解を深めるためのコミュニケーション」のことで、討論や議論（ディスカッション）とは目的が異なります。

　対話する時にはいくつか気をつけるポイントがあります。

❶ それぞれの考えを聴いて理解し合うことが目的

　相手を言い負かしたり、何か一つの結論を出すことが目的ではありません。自分の考えと違う意見が出たら「そういう考えもあるのか」と受け取め、尊重しましょう。

❷ 「みんなのルール」を決めよう

　「自由に意見を話し合おう」と言われても、それぞれ自分のペースで話しているだけでは話もまとまらないし、誰か一人が話し続けるのは「対話」とは言えません。

　どんなルールがあれば、「対話」になるでしょうか？　どんな環境なら、安心して自分の意見を言いやすくなるでしょうか？

　下の   の例を参考に、これから行うグループワークのルール（約束）をみんなで考えてメモしてみよう。

　話し合いのルール例
　　・一つの話は短くまとめる
　　・人の話をさえぎらない、否定しない
　　・一人ひとりの意見を大切にする
　　・全員思いついたことを話す権利がある
　　・秘密を守る

　「場」を楽しむルール例
　　・チャイムが鳴ったら休憩
　　・休憩時間のおしゃべり大歓迎
　　・Have Fun!
　　・みんなのいいところ探しをしながら聴く

自分の気持ちを文字にして書き出す

「思考の外在化」といって、自分と起きたできごとを分けて考え、いったん外に取り出して眺めてみる方法があります。自分の気持ちや人の意見を「書き出すこと」で状況を客観的に見ることができます。この本に紹介されているワークをコピーして、自分や相手の意見を書き込んでください。

```
書く効果
・情報が整理できる
・記録が残り、振り返ることができる
・自分の気持ち、相手の気持ちがわかってスッキリする
・書くことで悩みや問題がはっきりする
```

この本のワークに取り組む時、書いたり話し合いをしたりする際のポイントをおさえておきましょう。

カウンセラー

1章

日常生活のストレス
・自己管理

朝の準備に時間がかかって 毎日ギリギリ！

チホさんは朝がとっても苦手な中学2年生です。毎朝親に起こしてもらっています。朝は眠いしダルいし、誰とも話したくありません。「急ぎなさい！」と毎日のようにせかされて、遅刻してしまうこともしばしば……。今日もなんとか家を出て「どうして気持ちよく起きられないんだろう？」とぼんやり考えながら学校を目指します。

　　　起きられない日が続くなら生活リズムの見直しと、行動にかかる時間を見通すことが大切。いつもは何時に寝ているかな？　朝の準備は何にどれくらいの時間がかかる？毎日のように遅刻してしまう理由には、実行機能の一つ「プランニング」が関係しているのかも!?　実行機能とは日々の活動に取り組むために、計画を立て、自分の行動や考え、気持ちなどを調整する脳の機能のこと。簡単に言えば「段取りよく活動をこなす能力」だよ。

ワーク　学校に行くまでの行動と時刻を確認しよう

チホさんは登校する時間から逆算して、寝るまでの予定を立てました。

やること	開始時間 （目標）	ポイントや理由
⑨寝る	23:00	6:50に起きるには、23:00時には寝ないとヤバい おやすみモードとアラーム設定！
⑧起きる	6:50	すぐは起きられないから5分余裕を持って
⑦着替え・洗顔・寝ぐせ直し	6:55	身支度は起きてすぐにする！ 寝ぐせ直しに時間がかかるかもしれないから
⑥朝食	7:10	さっと食べられるシリアルにする
⑤歯みがき＆トイレ	7:20	トイレは確実に行っておく
④メダカにエサをあげる	7:30	時間がない時はお母さんに頼む お母さんにエサの場所を伝えておく
③玄関を出る	7:35	水筒を忘れないようにする
②学校まで歩く	↓	なるべく速足で！
①学校到着！（ここからスタート）	8:00	遅くとも8:05には教室に入りたいから

目標を達成するために、自分の行動を「観察」してみよう。

下の空欄にあなたの場合を記入してください。

やること	開始時間 （目標）	ポイントや理由

遅刻しない３つの裏ワザ

① 何かをあきらめるワザ

例．窓を開ける→家族にやってもらう

　　テレビを見る→見ない。録画して別の時間に見る

・＿＿＿＿＿＿＿＿＿＿＿＿＿＿＿＿＿＿＿＿＿＿＿＿＿＿＿＿

② 後まわしのワザ

例．靴下をはく→持っていって学校に着いてからはく

・＿＿＿＿＿＿＿＿＿＿＿＿＿＿＿＿＿＿＿＿＿＿＿＿＿＿＿＿

③ 時間短縮のワザ

例．朝ごはんを食べる→いつもの半分にする

　　寝ぐせをなおす→水で濡らすだけにする

・＿＿＿＿＿＿＿＿＿＿＿＿＿＿＿＿＿＿＿＿＿＿＿＿＿＿＿＿

早寝早起き朝ごはん知識クイズ

（　）の中に〇か×で解答を記入してください。

１．平日の睡眠時間が足りなくても、週末にたくさん眠れば問題ない（　　　）

２．帰宅した後、夕方に仮眠をとると勉強の効率が上がる（　　　）

３．寝る前にスマートフォンを見たりゲームをすると眠れなくなる（　　　）

４．寝る前に激しい運動をするとよく眠れる（　　　）

５．試験前日はなるべく遅くまで睡眠を削って勉強した方がよい（　　　）

６．睡眠時間を減らすとたくさんのことができてよい（　　　）

７．朝型の人は夜型の人より勉強やスポーツの成績がよい（　　　）

８．睡眠不足が続くと深刻な病気のリスクを高める（　　　）

９．朝食を抜くとやせられる（　　　）

10．食べる量が同じでも、夜遅い時間に食べると太る（　　　）

答え

1．×　人は睡眠を毎日一定時間とる必要があり、数日分まとめて寝だめするのは無意味です。また、週末の朝遅くまで寝ていると体内時計のリズムが夜型化し、翌週前半の「時差ぼけ」状態を引き起こします。規則正しい生活を心がけましょう。

2．×　夕方仮眠をとると就寝時刻が遅くなり、体内時計のリズムが夜型化して夜の眠りが浅くなり、結局睡眠不足になります。その結果、翌日の日中に眠気が生じ、また夕方仮眠が必要になるという悪循環となります。夕方に眠気を感じる場合には、夜は早めに寝て、翌朝勉強をするのも効果的です。

3．○　スマートフォンやゲーム機などのデジタル機器の液晶画面の光には、ブルーライトが多く含まれているものもあります。強い光を夜に浴びると、睡眠を促すメラトニンというホルモンが出にくくなり、体内時計のリズムが乱れてなかなか眠れなくなったりします。寝る前は画面を見るのを控えましょう。

4．×　寝る前の激しい運動は、夜になって「休息モード」になっていた脳や身体を「活動モード」にしてしまい、体温や心拍、血圧などを上昇させます。その結果、なかなか眠れなくなり、快適な睡眠のためには逆効果です。夕方までに適度に身体を動かすようにしましょう。

5．×　睡眠にはレム睡眠とノンレム睡眠の2種類があり、寝ている間、交互に繰り返されています。寝て最初に現れるのは脳を休ませる深い眠りのノンレム睡眠です。次に身体を休ませ、修復する浅い眠りのレム睡眠が現れます。レム睡眠中は脳が記憶の整理や定着を行います。したがって、睡眠をしっかりとることで、脳を休ませて試験で本来の力を発揮できるようになるとともに、勉強した内容が頭に残るのです。

6．×　夜ふかしをして睡眠が不足したり、体内時計のリズムが夜型化すると頭や身体が十分に働かなくなります。また、その状態が続くと疲れがたまりやすくなります。さらに、睡眠不足はやる気やイライラなど感情をコントロールする力を低下させるほか、脳の発達にも影響することがわかっています。

7．○　生活が朝型の人と夜型の人を比べた場合、朝型の人の方が勉強やスポーツの成績がよいという研究報告があります。また、朝食を毎日食べている子どもは学力や体力が高いというデータもあります。スポーツの世界では、「早寝早起き・朝ごはん」を実践することは基本中の基本ともいわれています。

8．○　睡眠不足や不眠が続くと、風邪をひきやすくなるばかりでなく、肥満になったり、糖尿病や高血圧などの生活習慣病といわれる深刻な病気にかかりやすくなることがわかっています。また、夜型の生活で体内時計が乱れている人も生活習慣病にかかるリスクが高くなります。

9．×　朝食を抜くと、体温が上がりきらずにカロリー消費量が減り、やせにくい身体になるだけでなく、物事に集中できなくなるなど様々な不調の原因になります。栄養バランスのとれた朝食を毎日食べる習慣をつけることが大切です。

10．○　夜遅い時間の食事は脂肪として体内に蓄積されやすく、太る原因になるとともに、体内時計のリズムを夜型化します。部活や学習塾などで夕食が遅くなる場合は、先に少し食べておき、終わった後の食事を軽くしたり、消化のよいものを選んだりする工夫をしましょう。

（文部科学省「早寝早起き朝ごはん」中高生等向け普及啓発資料より）

2
Self Management

授業がわからない、
集中できない

あなたは授業中に困ったことはありますか？
当てはまるものをチェックしてみましょう。

チェックは
何個でもいいよ

□ 授業中眠くなる　　　　　　□ 集中できない
□ 授業が退屈に感じる　　　　□ 授業がわからない
□ 周りが気になってしまう　　□ やる気が出ない
□ その他＿＿＿＿＿＿＿＿＿＿＿＿＿＿＿＿＿＿＿＿＿

ワーク　困ったこと別対処法

---

❶集中できない時

　呼吸法を試してみよう！　ただ呼吸している自分をひたすら眺めるような感覚です。
身体の中を空気が通っていく様子を1分間感じてみましょう。眠気防止にも使えます。

1　背筋をのばしてゆったり座る。
　まず口から1回「ふぅーっ」と息
　を吐く。

2　口は軽く閉じて、自分の鼻先
　から空気が入ってくることを感
　じる。

3　鼻から入った空気が胸に入っ
　てお腹に入り、空気でお腹がふ
　くらんでいるのを感じる。

4　息を口からゆっくり少しずつ
　吐き出す。数を数えながら吐こ
　う。この呼吸を1分間繰り返す。

❷眠くなった時

　足を少しだけ床から浮かせたり、足の指をこっそり動かして血行をよくすると脳の活性化につながります。根本的な眠気の解決法は「夜しっかり寝ること」です。起きる時間や寝る時間、食事やスマホのタイミングなど生活リズムをもう一度見直してみましょう。

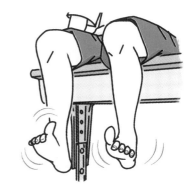

❸授業がわからない時

　勇気を出して先生に聞いてみましょう。授業中に聞きにくかったら、放課後や休み時間に聞くという方法もあります。あなたなら誰に聞きますか？

☐ 先生に聞く
☐ 友達に聞く（　　　　　　さん）
☐ 家族に聞く
☐ 塾で確認する
☐ そのままにする

あなたが工夫していること
☐ 授業中眠くなった時⇒＿＿＿＿＿＿＿＿＿＿＿＿＿＿＿＿＿＿＿
☐ 授業が退屈に感じる時⇒＿＿＿＿＿＿＿＿＿＿＿＿＿＿＿＿＿
☐ 周りが気になってしまう時⇒＿＿＿＿＿＿＿＿＿＿＿＿＿＿＿
☐ 集中できない時⇒＿＿＿＿＿＿＿＿＿＿＿＿＿＿＿＿＿＿＿＿
☐ 授業がわからない時⇒＿＿＿＿＿＿＿＿＿＿＿＿＿＿＿＿＿＿
☐ やる気が出ない時⇒＿＿＿＿＿＿＿＿＿＿＿＿＿＿＿＿＿＿＿
☐ ボーッとしてしまう時⇒＿＿＿＿＿＿＿＿＿＿＿＿＿＿＿＿＿

　✐周りの友達とお互いに書いたことを見せ合って、参考になったアドバイスや試したくなるようなアイデアを見つけたら記録しておきましょう。

発表するのが苦手。先生に当てられたらどうしよう

3

Self
Management

チホさんは人前で発言することがとても苦手です。緊張するし恥ずかしいと思っています。うまく言えるか自信がないので、誰かが助け舟を出してくれるまでだまって済ませてしまったことがたくさんあります。

発表の時の言い回しを自分なりに台本にしたり、あらかじめマニュアル化して用意しておくと、スムーズに発言できることが増えるよ。

ワーク 授業中に発表する時のコツ

❶指名されたらまずは姿勢を意識する

　自信がなくても「ハイ」と言ってサッと立ち上がってみましょう。

　視線は相手の鼻あたりを見るような感じで、足の裏をしっかり床につけて、話すスピードはゆっくりを意識することで、相手に「自分の問いかけに答える気がある」という印象を与えます。

❷意見を求められたら、万能テンプレートで乗り切ろう

例）

私（ぼく）は
～と思いました

賛成です

～した方がいい
と思います

先に発表した人がいたら「〇〇さんと同じ（違う）意見ですが……」「〇〇さんの意見を聞いて……」と前置きするとスムーズに話し出せます。

❸わからない時は正直に言う

「わかりません」「まだ考えています」「答えられません」

❹発表の練習をする

その日までに発表する内容を台本にしておきます。一人で練習したり、家族に聞いてもらうと、スムーズに発表できるかもしれません。台本を見ながら発表してもよいでしょう。

❺間違いを気にしない

間違えたことのない人なんてこの世に存在しません！

間違いを責めるのは、つまらないこと。「一人ひとりの意見を大切にする」「全員に思いついたことを話す権利がある」という姿勢がよい話し合いの鉄則です。

✐「間違った答えを言ってしまった人」にあなたはどう声をかけますか？

今書いた言葉を、そっと心の中で自分自身に言ってみてください。「勇気が出ない人＝自分」「不安になっている人＝自分」「落ち込んでいる人＝自分」なのです。自分自身にもその優しい言葉をそっとかけてあげましょう。

ドキドキの席替え・クラス替え

席替えの日、チホさんはドキドキしながら自分の名前を探していると、なんとナオくんと隣の席でした。ナオくんは声が大きくて元気いっぱい。チホさんはナオくんとあまり話したことがないし、正直「うるさい人だなぁ」と思っていました。一番の仲良しのトモさんとは遠く離れた席になり、本気で落ち込みました。

　　ピンチはチャンス‼　今まであまり話したことがなかった人とお話ししてみよう。
　席替えやクラス替えで気持ちが落ち着かない時に切り替える方法はいくつかあるよ。
・クラス以外（部活・習いごと・家庭）での楽しみに目を向ける
・自分の思い通りにはならないことがあると受け入れる
・次のクラス替えや席替えまで、仲良しの友達に支えてもらう
・苦手意識のある相手でも挨拶をしたり、時間割を聞いたり、一緒に教室を移動するなど、ささいなきっかけをつかむ

ワーク ## 思い通りにいかない時の対処方法

　自分の思い通りにいかなかった時、どんな対処法があるでしょうか？　近くの友達と考えて書き出してみましょう。

①夜、宿題をしようと思っていたが、ゲームをやめられなくて朝になった
　（例：朝早く起きて宿題をする　　　　　　　　　　　　　　　　　　　　　）
②友達にマンガを借りるつもりだったのに、貸してくれなかった
　（　　　　　　　　　　　　　　　　　　　　　　　　　　　　　　　　　　）
③友達の悪口を言ってしまったことを謝ったが、許してくれなかった
　（　　　　　　　　　　　　　　　　　　　　　　　　　　　　　　　　　　）

ワーク ## 私の気持ち切り替えスイッチ

　学校以外での楽しみに目を向けてみよう。どんなことをすると気分が変わりそうか、自分の好きなこと、得意なこと、いやされることを考えてみよう。

伝えにくいことを
どう伝える？

チホさんは小さい頃からトイレが近かったので、お母さんから「我慢しないですぐトイレに行くんだよ」と言われていました。

ある日の授業中、チホさんはトイレに行きたくなりましたが「中学生にもなって授業中トイレに行くなんて恥ずかしい」と思い、我慢しました。

チホさんが時計ばかり気にしていると、先生が気づき「チホさん、どうしましたか？」と聞かれました。クラス全員の視線がチホさんに集まります。チホさんは「いえ……何でもありません」と小さな声で答えました。

周りの人に伝えにくいことはあるかな？　また、以前伝えられなくて困った経験ってある？　そっと心の中で考えてみよう。こんなこと言っていいのかな？　相手にどう思われるかな……と気になるかもしれない。でも、心配しないで大丈夫。前もって誰かに伝えておくことがあなたの安心につながるよ。今度困ったらこの人に相談してみよう、という人をイメージしておこう！

ワーク 困った時、誰に伝える？

困った時は誰に相談しますか。場面ごとに下から選んでみましょう。

・授業中体調が悪くなった時（　　　）
・プールやお風呂に入れない時（　　　）
・家に忘れ物をしてしまった時（　　　）
・部活に遅刻してしまった時（　　　）
・授業中ふざけている友達を注意したい時（　　　）
・友達のボタンが外れていた時（　　　）
・先生の話が聞こえなかった時（　　　）
・学校で、いじめられている子を見た時（　　　）

①担任の先生　　②保健室の先生　　③部活の先生　　④兄弟・姉妹
⑤家族（親）　　⑥友達　　　　　⑦先輩　　　　　⑧学校外の人
⑨その他（具体的にイメージしよう）

　困ったことがあったら思い切って相談してみよう。少し恥ずかしいけれど、早めに確認することで失敗を防げるかも。たずねる時にはふてくされたような態度や冷たい言い方ではなく、ていねいな言い方を心がけてね。

ワーク 伝えにくいことを書き出してみよう

　あなたは今、誰にも言えなくて困っていることはありますか？　あれば書き出してみよう。

言えないこと _____

相談したい人 _____

　過去に自分を助けてくれた人を思い出してみるといいよ！

テストの点数が悪くて
周りが気になる

試験期間が終わり、テストの結果が返ってきました。ナオくんは人の点数が気になってしかたありません。数学のテストの点数が最低記録だったのです。

焦ったナオくんは「何点だった？」「数学のテストどうだった？」とクラスのみんなに聞いて回りました。そして、あまりしゃべったことのない隣の席のチホさんにまで「点数教えて！」と聞いています。チホさんは突然ナオくんから大きな声で話しかけられて戸惑ってしまいました。

誰かと比較してしまうのはなぜだろう？　安心したいから？　優越感を得たいから？　自分自身の目標を達成した時、過去の自分を超えた時に本当の"自信"が育つよ。

ワーク **あなたは、どのタイプ?** 😟 チホさん 😠 ナオくん 🙂 シュンくん

自分に近い考えにチェックしてみましょう。

①**テストの点数が思ったように取れなかった。**

□ 😟 誰にも言えない……マジで凹む

□ 😠 悔しい! イライラする!

□ 🙂 終わったことだし、しょうがないな

□ その他＿＿＿＿＿＿＿＿＿＿＿＿＿＿＿＿＿＿＿＿＿＿

②**あの子の点数が気になる!**

□ 😟 気になるけど……そんなこと聞けない

□ 😠 相手が教えてくれるなら、聞いてもいいじゃん

□ 🙂 点数なんか言わないし、聞かない

□ その他＿＿＿＿＿＿＿＿＿＿＿＿＿＿＿＿＿＿＿＿＿＿

③**「何点だった?」「点数教えて?」って聞かれた**

□ 😟 どうしようかな……相手によって教えるかも

□ 😠 何点だった? と聞き返して、相手の点数から先に聞く

□ 🙂 絶対教えない

□ その他＿＿＿＿＿＿＿＿＿＿＿＿＿＿＿＿＿＿＿＿＿＿

④**点数がよかったら……**

□ 😟 友達に点数が悪かったフリをする

□ 😠 堂々とよかった! とアピールする

□ 🙂 隠し通して、家で喜びを爆発させる

□ その他＿＿＿＿＿＿＿＿＿＿＿＿＿＿＿＿＿＿＿＿＿＿

あなたは誰に一番近い考え方ですか?⇒私は＿＿＿＿＿＿さんタイプかも。

では、あなたならその人に何と声をかけますか?

> 😟 くよくよ悩みがちな「チホさん」　　😠 自己主張強めの「ナオくん」
>
> 🙂 自分のペースを大切にする「シュンくん」

23

給食で苦手な食べ物が出た

トモさんは大の魚嫌いです。「あぁ今日もお魚が出てる……」トモさんは一気にテンションが下がりました。一方、チホさんは「こないだの身体測定で体重が増えてたからな……あんまり食べたくない」と考えていました。そんな中、シュンくんは「また給食当番か、めんどうくさいなぁ！」とブツブツ独り言を言っています。3人とも給食の時間がどんどんゆううつになってきました。

　　　　どんな人にも好きな味や苦手な食感があり、食べられる量も人それぞれ違うよね。中には、家族以外の人と一緒に食べるのが苦手、うまく飲み込めない食材があるなど、苦手な理由が食べ物以外にもあるかもしれないね。

ワーク 給食の悩み、何がある？

あなたは給食に関して心配なことはありますか？　チェックしてみましょう。

□ 嫌いな食べ物がある　□ 給食の量が多い　□ 量が少ない

□ 給食当番がめんどう　□ ゆっくり食べたいけど時間が足りない

□ 食べる時おしゃべりできないのが嫌　□ 味が苦手（味が薄いor濃い）

□ 班になって食べるのが苦手　□ アレルギーがある

□ 太りそうで食べたくない　□ 食べているところを人に見られたくない

□ その他_____

■給食が食べられない3つの主な理由

①感覚

食感や嗅覚など感覚が敏感、または鈍感で、感覚的に受け入れられないことがある。

例）「卵焼きはOKだけどスクランブルエッグは許せない」「サクサクしているものは口の中が痛くなる感じがして無理」など

②口の機能

口の中の機能が未発達で、食材をうまく噛めない・うまく飲み込めない。

例）「肉がずっと口の中に残ってしまう」「パンがパサパサしていて喉を通らない」口内炎ができている、歯の治療中など

③精神的な理由

過去に食べることで嫌な体験をしたことがあったり、環境やタイミングによってプレッシャーを感じるなど、不安を強く感じて食欲がわかなくなる。

例）過去の経験…「残さず食べなさい」と言われたことがあって、全部食べられるか心配

環境やタイミング…家以外のところで大勢と食べるのがどうしても苦手

「魚の骨をノドにつまらせたことがあるから食べるのが怖いよ」

「体調が悪い時に吐いたことがあってそれ以来なんだか心配で……」

（「月刊給食指導」研修資料より改変）

・アレルギーや身体が受け付けない食べ物について相談しましょう

・食べられない背景や理由を考えてみましょう

　これら以外にも、他の友達が気になって食べられないなどの理由があることもあります。それぞれの理由に応じた対応を考えて試してみましょう。

身長も体重も増えたみたい。
モデルみたいにやせたい

「あれ？　ちょっとやせた？」「脚が細いね」こんな言葉を言ったり言われたりしたことがありますか。言われた方は、思わずニッコリするかもしれません。

でも病的なやせ具合なのか健康的な体型なのかは、しっかり検査してみないとわからないことです。10代の頃からダイエットをすると、肌荒れや集中力の低下、月経不順になったり、将来的には骨粗しょう症など骨が弱くなったりと身体に影響を及ぼすことがわかっています。

　やせたいと思うこと自体は悪いことではないけれど、みなさんのような成長期に急激な食事制限をしたりサプリメントを飲む習慣をつけることは、これからの成長に悪影響を及ぼすことも……。

ワーク　計算してみよう！　健康的な体重

　BMI（ボディマス指数）とは、体重と身長から算出される肥満度を表す体格指数のことで、高校生以上の年齢の人に適用されます。小中学生の場合は、ローレル指数という基準で体格指数を出すことがあります。

　BMIはみなさんにとって自身の成長や健康を知る良い機会です。自分の数値を計算してみましょう。

【BMI＝体重（kg）÷身長（m）÷身長（m）】

157㎝＝1.57m

○自分のBMI

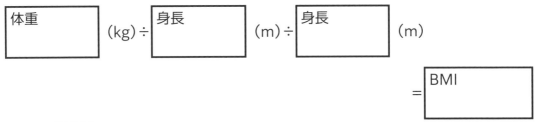

体重		身長		身長	
	(kg)÷		(m)÷		(m)

＝| BMI |

例えば……

　　私は身長155cm、体重52kg。
　52（kg）÷1.55（m）÷1.55（m）＝21.64…

僕は身長163cm
体重59kg

○BMIが18.5～25の人は「普通体重」
　BMIが18.5より低い数値の人は「やせ気味」

○BMIの数値が「やせ気味」となった人は、よりよく
　健康に過ごしていくために、ぜひ保健室の先生に相
　談してみてください。体重やBMIの数字だけで健康
　度を測ることはできません。年齢や性別、中学生の
　成長に合わせた健康の基準があります。

【ローレル指数の算出式は、「体重（kg）÷身長（m）^{3}
　×10」です。】

摂食障害ってなに？

　食事の量や食べ方など食事に関連した異常が続き、体重や体型のとらえ方などを中心に、心と身体の両方に影響が及ぶ状態をまとめて「摂食障害」と呼びます。摂食障害は10代から20代にかかることが多く、女性の割合が高いのですが、年齢、性別、社会的・文化的背景を問わず誰でもかかりうる病気です。

　きっかけは周囲の大人がダイエットをしている、スポーツで記録をのばすために減量をすすめられたりなど様々です。

- 神経性やせ症は、食べることを極端に減らしたり、自分が許せる食べ物しか食べなくなります（拒食）
- 神経性過食症は、食欲をコントロールできなくなりたくさん食べてしまいます（過食）
- 「ふつうに食べる」ことが難しくなる病気です
- 「食べる」ことができなくなることもあります
- 異常にやせていても「自分は病気だ」と自分では気づけません
- 太っていないのに「太っている」と思い込んだり、鏡を見ると自分が「誰よりも太っている」ように見えてしまいます（ボディ・イメージの歪み）
- 自分への評価を正しく行えないので「もっとやせなければ」と食事や体重のコントロールをしようとします
- 摂食障害には大きく「神経性やせ症」と「神経性過食症」があります
- 過食後、無理やり吐いたり、薬（下剤）を大量に飲んだり、「拒食」と「過食」を繰り返す人もいます
- この病気になるきっかけは、ダイエットによる発症が多く、思春期に発症することが多いです
- トレーニングと称して過剰に運動する人もいます

　摂食障害は、自分の意思で治せる病気ではありません。周囲の大人に「助けて」と伝えて欲しいのです。これを読んで気になった人やもっと知りたい人は、担任の先生や保健室の先生に相談してみましょう。また、スクールカウンセラーやスクールソーシャルワーカーも一緒に考えることができます。

給食って太るの？

　給食って量が多いし、肉も揚げ物もあって太りそう！　と思っている人はいませんか？

　栄養教諭の話では、給食は中学生の成長に合わせてたくさんの栄養の基準が細かく決められています。中学生が取るべき栄養の1食分を完璧に満たしているのが給食です。1食分の栄養素すべてが入っているので、むしろ脂質や糖質は控えめです。

　逆に、この1食分の給食を食べないと1日に必要な栄養素（たんぱく質やビタミンなど）の3分の1を失うことになります。この1食分を抜くことによって、頭が働かず、体温が上がらずに代謝が悪くなることがあります。毎日の給食は確実に取った方がより健康的な生活が送れます。

ワーク　## 相手をほめたい時はどうすればいいの？

　ふだんみなさんは何気なく会話の中で体型や容姿に関することを話しているかもしれません。しかし、相手によってはそれを嫌だと思うこともあります。

　ほめる時は、自分が相手のことを「いいな」と感じているその気持ちを伝えます。

　例えば、「あなたの髪って茶色だね！」と見たままを伝えるより、「あなたの髪の色ステキね」「あなたの髪の色、私は好きだな！」など、感じたことをそのまま表現しましょう。

ルッキズムって？

　「やせている」「細い」をほめ言葉として使ったり、「やせていること＝可愛い・美しい」という概念が日本人にはあるようです。他の国では「やせてるね」「太ってるね」など容姿に関する言葉を言われると不快に感じる人の方が多いそうです。

　ほめ言葉のつもりで言ったことも、それぞれの国や文化・人種によって受け止め方が違います。実際には、同じ日本人同士でも一人ひとり価値観が違いますよね。これから国際社会の中で生きていくみなさんは「多様性」の視点をぜひ意識してください。

休み時間くらい静かに過ごさせて！

私は昼休みは静かに過ごしたいな

うるさい静かにしてよ

休み時間なんだから どう過ごそうと勝手だろ

オレは友達と遊びたいな

給食が終わり、昼休みになりました。待ちに待ったチホさんとトモさんのおしゃべりタイムです。二人が昨日のドラマの話で盛り上がろうとしていたその時、ナオくんがシュンくんを追いかけながら教室に入ってきました。なにやら大きな声で楽しそうに言い合っています。そこに他の男子も加わり、教室は一気に騒がしくなりました。

■あなたは昼休みをどんな風に過ごしていますか？　チェックしてみよう。

☐ ひたすら寝る　　　　　　☐ おしゃべり　☐ 本を読む
☐ 授業の準備や宿題をする　☐ 遊ぶ　　　　☐ 違うクラスに行く
☐ 教室以外の場所に行く　　☐ その他＿＿＿＿＿＿＿＿＿＿＿＿＿＿＿＿＿＿

　いろんな昼休みの過ごし方があるよね。自分のペースが乱されると、ちょっとモヤモヤすることも……。そう感じることは悪いことではないけれど、場面によっては上手に伝えることも必要。また、その気持ちを受け止めつつ、イライラが大きくなった時には、深呼吸をする（14ページ参照）、その場を離れることで回避できます。

ワーク　**やってみよう！　み・かん・てい・いな（DESC法）**

　静かに過ごしたい人、楽しく過ごしたい人、どちらがいい悪いということではありません。みんなが昼休みを快適に過ごすためにはどうすればいいか考えてみましょう。

　相手の感情や勢いに流されることなく、自分の主張や気持ちを上手に伝える技術を「DESC法（デスク法）」といいます。このDESC（Describe Express Suggest Choose）を日本語に置き換えて「みかんていいな」と呼んでいます（詳しくは下へ）。

 見たこと（事実）

　　「大きな声で騒いでるよね」

 感じたこと（自分の気持ち）

　　「私、友達とゆっくり話したいんだけど、友達の声が聞き取りにくいんだ」

 提案（相手へのお願い）

　　「だから、もう少し声のボリューム下げてもらえない？」

 否（ダメだった時の他の提案）

　　「グラウンドなら身体動かせるし、大きな声もOKだよ」

　　　　　　　　　「うるさい」って言われるよりいい感じ♪

　この「み・かん・てい・いな」というコミュニケーション法を使うと、相手に配慮しながらきちんと自己主張ができます。

　「み（見たこと）」「かん（感じたこと）」だけでも自分の気持ちは伝わりやすくなります。できるところから会話に取り入れてみましょう。

　この方法は「アサーション」と呼ばれ、相手とポジティブなコミュニケーションをとるための手法です。

放課後や休み時間の
クラス活動が苦痛

もうすぐ学習発表会。メインイベントでもある校内合唱コンクールでは、毎年各クラスが金賞を目指して頑張ります。チホさん達のクラスでは放課後に合唱の練習をしようということになりました。今年の合唱リーダーになったハルさんは練習に熱が入ります。

そんなハルさんを横目に「ちょっとめんどくさいかも」と消極的な人、「みんながやるなら自分もやるか」と思っている人、さてこのクラスは無事に合唱コンクールを乗り切れるでしょうか？

考え方は人それぞれ、得意不得意も人それぞれだね。

ワーク　想いは人それぞれ

あなたはどのタイプ？　チェックしてみましょう。

□ ハルさん

この合唱を成功させたいのに！
あの人達、全然声出てないじゃん！
イライラする！

□ ナオくん

合唱とか何か意味あるの？
真面目にやりたい人っているのかな？
さぼろっと～

☐ シュンくん

次の予定があるから一刻も早く
家に帰りたいのに。なんで放課後に合唱練習
なんかあるんだろう？

☐ チホさん

一生懸命やってるけど、
思うように声が出ないよ。
ハルさんがピリピリして怖い…

☐ トモさん

放課後の合唱練習って楽しいな。
部活行くよりこっちの方がいいかも

☐ その他　　「　　　　　　　　　　　　　　　　　　　　　　　」

ワーク　あなたならどう声をかける？

あなたはどのタイプでしたか？⇒私は＿＿＿＿＿＿さんタイプに近いかも。
では、あなたなら＿＿＿＿＿＿さんに何と声をかけますか？　書いてみましょう。
また他のタイプにはどう声をかけるか、それぞれ書いてみましょう。
例）私はハルさんタイプかも。⇒「ハルさんへ。あなたが頑張っているのはよくわ
　　かるよ

☐ ハルさんへ⇒＿＿＿＿＿＿＿＿＿＿＿＿＿＿＿＿＿＿＿＿＿＿＿＿＿＿

☐ ナオくんへ⇒＿＿＿＿＿＿＿＿＿＿＿＿＿＿＿＿＿＿＿＿＿＿＿＿＿＿

☐ シュンくんへ⇒＿＿＿＿＿＿＿＿＿＿＿＿＿＿＿＿＿＿＿＿＿＿＿＿

☐ チホさんへ⇒＿＿＿＿＿＿＿＿＿＿＿＿＿＿＿＿＿＿＿＿＿＿＿＿＿＿

☐ トモさんへ⇒＿＿＿＿＿＿＿＿＿＿＿＿＿＿＿＿＿＿＿＿＿＿＿＿＿＿

　考え方は人それぞれ、得意不得意も人それぞれです。相手の気持ちに歩み寄る
ことができたら、きっとこのクラスの合唱は成功します。

11
Self Management

校則って意味がある？

チホさんは登校の時によく隣の家のお姉さんとすれ違います。会うたびに高校生のお姉さんはチホさんに「おはよう」と言ってくれます。高校の制服姿のお姉さんがいつも素敵で、チホさんは「私もお姉さんみたいにジャケットのボタンを外して着てみたいな」「スカートをもう少し短くしたらカワイイかも」と想像しています。そして、自分の中学校の制服を見て「うちの制服ダサいから嫌い」とため息をつきました。

ワーク　校則のメリット、デメリット

制服も校則の一つです。自分の通う学校のルールについてどう思いますか。メリットとデメリットを比べてみましょう。

	メリット （いいところ）	デメリット （わるいところ）
制服	毎朝洋服に悩まなくていい	洗濯しにくい
スマホの持込禁止		
メイク禁止		
髪型・髪の毛の色が決まっている		

他の友達の意見も聞いてみよう。人の意見はそれぞれ。どれが正解でどれが間違いということはないから、まずは「聞く」ことを意識してみよう。

ワーク 校則の意味を考えてみよう

○校則ってなんのためにあると思う？　例）みんなをまとめるため

___

○校則を守るとどんなよいことがある？　例）遅刻しないですむ

___

○校則のここが変！　と思うところ　例）髪の色はそんなに重要と思わない

___

○校則を変えたい時はどうする？　例）生徒会に意見を出す

___

校則はルールを守る練習？

　文部科学省によると、校則とは「児童生徒が健全な学校生活を営み、より良く成長・発達していくため、各学校の責任と判断の下にそれぞれ定められる一定の決まり」とされています。「健全」や「より良い成長のため」という文言は、大人が子どもに勝手に押し付けた理想のように感じられるかもしれません。

　社会にはたくさんのルールが存在しています。校則は「ルールを守るための練習」かもしれません。例えば、車を運転する時にルール（道路交通法）を守らないと事故が起こります。それ以前に、ルールを知らないと運転免許は取れません。このように「ルールを守る練習」をしておくと、自分や他人の命や生活を守ることにもなります。そして、「あの人はルールが守れる人なんだ」という信頼にもつながります。また、ルールは「安全を守る」という大切な側面もあります。

　ただし、中には時代錯誤な校則があることも確かです。2022年に東京都教育委員会では都立高校などで、「髪を一律に黒く染めさせる」「下着の色を指定する」「ツーブロックの禁止」などの校則5項目について全廃することを公表しました。これからもいわゆる「ブラック校則」の点検が学校、生徒の間で行われていくでしょう。

　校則ってなぜできたんだろう？　こんなの守ってなんの意味があるの？　謎な校則もあるかも？　そんな疑問は「生徒総会」で意見を表明することもできるかも。なぜその校則が必要ないと思うのか、別のルールにすることでみんなの安心安全を守れるのではないかなど、生徒総会は今あるルールに対する想いを共有して変更を交渉する場でもあるんだね。

やる気が出ない

12
Self
Management

ナオくんは帰宅後、数学のテストのやり直しをしようと机に向かっています。明日までにやり直したノートを提出しなければいけないのです。しかし、なかなかやる気が出ません。そんな時、同じクラスのシュンくんから「終わった？ ゲームしようぜ」とメッセージが届きました。ナオくんは「どうせやる気出ないし、少しだけならいっか」とシュンくんの誘いに応じてゲームをしました。

やりたいこととやるべきことが同時にある時は、やるべきことをやったら①どんなよいことがあるか、②どんな嫌なことが消えるか、を考えてみよう。

後回しグセをやめてみよう

　やるべきことを後回しにすると、今していることが十分楽しめなくなることもあります。気になってそわそわしたり、罪悪感を感じたり。後回しをやめる「コツ」をつかむために、ワークを通して練習してみよう。

例）合唱の練習に参加したら
　　どんなよいことがある？⇒とりあえず「参加して頑張ったな自分」と思う
　　どんな嫌なことが消える？⇒「昨日、練習来なかったね？」と言われなくて済む

①頑張って早起きしたら
　　どんなよいことがある？⇒＿＿＿＿＿＿＿＿＿＿＿＿＿＿＿＿＿＿＿＿
　　どんな嫌なことが消える？⇒＿＿＿＿＿＿＿＿＿＿＿＿＿＿＿＿＿＿＿

②早く寝られたら
　　どんなよいことがある？⇒＿＿＿＿＿＿＿＿＿＿＿＿＿＿＿＿＿＿＿＿
　　どんな嫌なことが消える？⇒＿＿＿＿＿＿＿＿＿＿＿＿＿＿＿＿＿＿＿

③きついけど部活を頑張ったら
　　どんなよいことがある？⇒＿＿＿＿＿＿＿＿＿＿＿＿＿＿＿＿＿＿＿＿
　　どんな嫌なことが消える？⇒＿＿＿＿＿＿＿＿＿＿＿＿＿＿＿＿＿＿＿

④テスト勉強を頑張ったら
　　どんなよいことがある？⇒＿＿＿＿＿＿＿＿＿＿＿＿＿＿＿＿＿＿＿＿
　　どんな嫌なことが消える？⇒＿＿＿＿＿＿＿＿＿＿＿＿＿＿＿＿＿＿＿

　やる気にならないことに注意を向けるには？　やる気になるために必要なことは「嫌なことだけど、それをやると、自分が得する！」という関係を見つけることです。（『やる気スイッチををON！　実行機能をアップする37のワーク』高山恵子、合同出版より）

スマホを片時も手放せない

シュンくんは中学校に入学した時にスマホを買ってもらいました。スマホで毎日ゲームや動画、SNSなどを楽しんでいます。しばらくするとシュンくんはいつもスマホのことを考えるようになりました。

帰宅後、ずっとスマホを触っているシュンくんを見て、お父さんが「スマホを見すぎだ！　シュンのスマホは父さんが預かるぞ」と注意します。カッとなったシュンくんは「なんでだよ!?　大人だって毎日スマホ触ってるだろ!?」と、自分でもビックリするような大きな声を出してしまいました。

シュンくんはなぜイラッとしてしまったのだろう？
　スマホ（インターネット、SNS）やゲームを「好き」でやりすぎることと、「依存する」ことは分けて考える必要があるよ。

ゲームしすぎたら病気なの？　ゲーム障害とは

2019年5月、世界保健機関（WHO）が「ゲーム障害」を新たな国際疾病分類として認定しました。「ゲームに依存する」ことが、全世界でも「病気」と認められたということです。

ゲーム障害とは、ゲームをする時間をコントロールできない、他の生活上の関心事や日常の活動よりゲームを優先するといった症状が1年以上継続することをいいます。症状が重い場合は1年以内でも該当し、特に、小中学生では短期間で重症化しやすい傾向が見られます。

ゲーム障害は、身体を動かさずにゲームに没頭するため、体力の低下や栄養不足、うつ気味になるといった心身の健康が悪化します。そして、患者の多くは、昼夜逆転して引きこもる、親に注意されて暴言や暴力を振るう、成績が大幅に下がるなどの問題行動を抱えています。海外では長時間ゲームを続けた若者が下半身がうっ血して死亡した事例や、日本でも命をおびやかす事件や事故が見られます。

「使いすぎ」と「依存」はどう違うの？　そのうち飽きるって本当？

スマホの使いすぎ、ゲームのしすぎに自分で気づいていても、それ以上に「もっとやりたい！」という気持ちが強く、自分ではやめられないのが「依存」状態です。家族や周囲の大人に「そろそろやめたら？」と注意されても続けてしまう人。注意されると、反発したり暴言を吐いたりする人も要注意です。逆に、注意された時に素直にやめることができる人は「依存」というほど悪い状態ではないようです。

「スマホやゲームをめいっぱい楽しんだら、そのうち飽きる時がくるんじゃない？」と考える人がいるようですが、私達を飽きさせないように研究され尽くされているのがゲームやSNSの特徴です。

特に、オンラインゲームの場合、ゲームが絶えずアップデートされ、ゲームに終わりはありません。そして、一緒にプレイする仲間や対戦相手がおり、盛り上がるのは夜中からということも少なくありません。また、ガチャや課金には強いギャンブル性があり、そのために借金をしたり、万引きや窃盗などの犯罪行為をおかしたりする人もいます。それはもう「楽しくてハマっている」という状態ではありませんよね。

SNSやゲームを「飽きるまで」楽しむことは無理で、「飽きないように計算されたシステムに溺れてしまう」だけです。自分が「楽しめる範囲で」使えるよう、あなた自身の力をつけましょう。

スマートフォン依存スケール（短縮版、SAS-SV）

　あなたの今のスマホ依存度をチェックします。次の1〜10の項目を「まったく違う（当てはまらない）」から「まったくその通り（当てはまる）」までの6段階でチェックしてください。

1．スマホを使いすぎて、予定していた行動や勉強ができない

2．スマホを使いすぎて、（クラスで）課題に取り組んだり、仕事や勉強をしている時に、集中できない

3．スマホを使っていると、手首や首の後ろに痛みを感じる

4．スマホがないと我慢できなくなると思う

5．スマホを手にしていないと、イライラしたり、怒りっぽくなる

当てはまるものに
一つ丸をつけてね。

6．スマホを使っていない時でも、スマホのことを考えている

7．スマホが毎日の生活にひどく悪影響を及ぼしていても、スマホを使い続けると思う

8．SNSで友達とのやり取りを見逃さないために、スマホを絶えずチェックする

9．（使う前に）意図していたより、スマホを長時間使ってしまう

10．周りの人が、自分に対してスマホを使いすぎていると言う

　1〜10のチェックした数字をすべて足してみましょう。合計が31点以上の人は「スマホ依存の疑い」です。

点／60点

出典：Kwon M et al. PLoS One 2013; 8: e83558.　邦訳：久里浜医療センター

SNSのトラブルに巻き込まれる

ハルさん（中学2年生）は、SNSで大好きなアイドルの情報を集めたりファンと交流をしたりしています。ファン同士でライブチケットやグッズの売り買いをしていましたが、ある時「代金が支払われていない」「もう一度代金を振り込んで欲しい」とメッセージが来て、しつこく催促されました。「このトラブルが終わるなら……。親にバレる前に解決したい」と再び振り込んでしまいました。

しかし、SNS上に「ハルはお金を払わない」「嘘つき女」「詐欺師」などの書き込みが止まらず、嫌がらせのDM（ダイレクトメール）が届くようになりました。本名や住所、銀行の口座番号が流出し、個人情報が拡散されてしまったのです。

「デジタルタトゥー」とはネット上に出てしまった情報が半永久的に残ってしまうこと。タトゥーのように、一度入れると消すことが難しいのでこの名がついた。デジタルデータは完全に削除することは不可能なんだ。

ワーク 　鍵アカならOK？

　サトルくんは、SNSの鍵アカ（公開していないアカウント）に、「このアカウントは、限られた人しか見れない限定だからいいだろう」と、嫌いな人の悪口やあることないこと、嫌いな人が悪く思われるようなでたらめを書き込みました。

　そのような行動をとった時、どんなリスクが考えられますか？　当てはまりそうな内容にチェックを入れてみましょう。また、自分でも思いついたことを書き足してみましょう。

☐ つながっている人がスクリーンショットして別の公開ページにアップする

☐ 文章をスクリーンショットして本人に見せる

☐ 本人が内容を知って傷つき、登校しなくなる

☐ ネット上に悪口を書いたことで大人から指導を受ける

☐ あることないこと書いたことで、周りから不信感を持たれる

☐ その他（　　　　　　　　　　　　　　　　　　　　　　　　　　　）

ワーク 　知らない人と会う・会わないのメリットとデメリット

　ケイコさんはよくSNSでイラストを投稿しています。ある日、知らない人からDMが来ました。暇だったのでなんとなく相手をしていると、その人は自分の話もよくわかってくれるし、共通の趣味も持っていて、気が合うなと思い始めました。

　何日か経って、相手から突然「会いたい」と言われるようになりました。話ははずんだけれど、まだよく知らない相手と本当に会っていいものか、悩んでいます。もちろん、親には話していません。

　このようにSNSで知り合った人と会う場合のメリット・デメリット、会わない場合のメリット・デメリットを考えて話し合ってみよう。話し合いが終わったら、あなたの考えをまとめてみよう。

	メリット	デメリット
会う		
会わない		

夜寝るのが遅い、
なかなか寝付けない

モゾ…

モゾ…

モゾ…

私は寝付きが
悪くてなかなか
眠れない

私は夜中に
目が覚めちゃうの

僕は夕方に
うたた寝して
しまうんだ

すごくよく眠れる日と
なぜか眠れない日
があるな

夜寝るのが遅くなるチホさんは、布団に入ってもなかなか寝付けず、ゴロゴロ、モソモソ……1時間以上寝付けないこともあります。友達はお布団に入ったらすぐ眠れると言っていたけれど、どうしたらスムーズに眠れるようになるのでしょうか。みなさんは自分がしっかり睡眠が取れていると思いますか？　いったい何時間寝れば朝スッキリと起きられるでしょうか？

よくある眠りの悩みだね。睡眠の質をよくするために、日中しっかりと日光を浴びて活動することは効果的だと言われているよ。また、寝室の環境（光は暗め・好きな音・適度な温度・アロマなど）を工夫することで、心地よい環境の中で寝付きがよくなるかも。

ワーク どうやったら眠くなる?

　あなたが眠くなる方法や心がけていることがあれば教えてください。他にどんなアイデアがあるか、近くの席の友達と話し合ってみましょう。

眠れる方法

・布団の中で深呼吸をし続ける
・目を閉じて「眠い、眠い」と心の中でつぶやく
・レッグウォーマーをはいて寝る（足をあたためる）
・食事・入浴・運動は寝る2時間前までに済ませる
・寝る前にスマホは触らない
・字の小さな本を読む

ワーク 1日の睡眠時間をチェックしてみよう

　40ページの「スマートフォン依存スケール」はどんな結果でしたか？　ゲームやスマホの時間を見直すことはよい睡眠にもつながります。あなたの1日の睡眠時間とゲーム・スマホ時間を1週間記録してみましょう。

月　　日	睡眠時間	ゲーム・動画・SNSなどの時間
月　　日		
月　　日		
月　　日		
月　　日		
月　　日		
月　　日		
月　　日		

あなたの眠りについて、あてはまる数字に〇をつけましょう。この1カ月間で少なくとも週に3回以上経験したものを選んでください。

〈1〉寝床についてから実際に眠るまで、どれくらい時間がかかりましたか？
　0.　いつも寝付きはよい
　1.　少し時間がかかった
　2.　かなり時間がかかった
　3.　非常に時間がかかった、あるいはまったく眠れなかった

〈2〉夜間、睡眠の途中で目が覚めましたか？
　0.　途中で目が覚めなかった
　1.　途中で目が覚めて、少し困ることがある
　2.　途中で目が覚めて、かなり困っている
　3.　深刻な状態、あるいはまったく眠れなかった

〈3〉希望する起床時刻より早く目覚め、それ以降、眠れないことはありましたか？
　0.　そのようなことはなかった
　1.　目覚めが少し早く、それ以降眠れなかった
　2.　目覚めがかなり早く、それ以降眠れなかった
　3.　非常に早い、あるいはまったく眠れなかった

〈4〉夜の眠りや昼寝もあわせて、睡眠時間は足りていましたか？
　　＊理想は8時間くらいです
　0.　十分である
　1.　少し足りない
　2.　かなり足りない
　3.　まったく足りない、あるいはまったく眠れなかった

〈5〉全体的な睡眠の質について、どう感じていますか？
　0.　満足している
　1.　少し不満である
　2.　かなり不満である
　3.　非常に不満である、あるいはまったく眠れなかった

〈6〉 日中の気分は、どうでしたか？

    0. いつも通り気分はいい

    1. 少し滅入った

    2. かなり滅入った

    3. 非常に滅入った

日中は元気に過ごせていますか？

「滅入る」とは、元気がなくなり暗い気持ちになることです。

〈7〉 日中の身体的および精神的な活動の状態は、どうでしたか？

    0. いつも通り

    1. 少し低下した

    2. かなり低下した

    3. 非常に低下した

〈8〉 日中の眠気はありましたか？

    0. まったくなかった

    1. 少しあった

    2. かなりあった

    3. 激しかった

【結果】〇をつけた数字をすべて足してください。あなたの合計は何点でしたか？

あなたの合計点   点

【点数の評価】

    1～3点／心配はありません。

    4～5点／少し心配な状態です。生活習慣や睡眠環境を見直してみましょう。心配な場合は親や担任の先生など身近な大人に相談しましょう。

    6点以上／とても心配な状況です。早めに身近な大人に相談しましょう。

出典：世界保健機関（WHO）アテネ不眠尺度

自分の睡眠の質や量を意識してみよう！

「ぼっち」についてどう思う？

「ひとりぼっち」の語源は諸説ありますが、「独法師」（日本国語大辞典第二版編集委員会編、2001）といわれています。漢字を見ると「ぼっち」（法師）は孤独でさびしい人というよりも、凛と、堂々としている人という印象です。また、一般的に「孤独」と思われている人も、「孤独」から逃げることなく向き合っているという点では、「本当の意味で健康な人」ともいえるかもしれません（Moustakas,1972）。

音楽家・俳優・文筆家の星野源さんは著書の中で「自分はひとりではない。しかしずっとひとりだ。（中略）誰かが手を差し伸べてくれた時、優しくしてくれた時、助言をくれた時、そばにいてくれた時、ひとりではないと思えた時の記憶だけが増えていく」と書いています。（『いのちの車窓から』2017、KADOKAWA）

ヒトは一人で生まれて、どんなに好きな人ができても二人で一つにはなれなくて、いつまでも「ひとり」なのです。だけど誰かが作ったものを食べ、社会の中で誰かと関わり合いながらつながりの中で生きています。

「ひとりでいられる」ことで、よりいっそう自分を大切にできたり、周りの人たちとの何気ないやりとりの中で幸せを見つけられたり、自分の人生をいとおしく感じられるようになるのかもしれませんよ。

2章

もっと上手な
人との付き合い方

アサーションで自分の想いを
上手に伝える

私たちはみんな、平等に自分の意見や希望を意思表示していい権利を持っています。アサーションとは「自己主張」という意味の言葉ですが、ただ意見を言えばいいということではありません。

そして、お互いの意見を大切にしながら、適切に自分の意思を伝える練習をすることをアサーショントレーニングといいます。

練習の目標は、自分ばかりが主張して相手の意見を聞かなかったり、相手に気後れして自分の言いたいことを我慢するのではなく、自分の想いを上手に相手に伝える話し方を身に付けることです。

コミュニケーションの3タイプ

①怒りんぼうの「イカリくん」…自分の意見ばかりを主張しがち

②引っこみ思案の「ヒッコさん」…消極的で自己主張するのが苦手

③さわやかで伝え上手の「サワさん」…自分の意見も相手の意見も大
　切にする

　⇒サワさんが上手に自己主張できている（自分の思いを伝えられる）、アサーティ
　　ブなタイプの子です。

ワーク ①仲間に入りたい

　学校の帰り道、本当はアカネさんと帰りたいのですが、アカネさんはいつもクラスの数人と一緒に帰っています。「アカネさんと一緒に帰れたら楽しいだろうなぁ」と思いながらも誘うことができません。そんな時、3人はそれぞれ次のような考えで行動しました。

イカリくん

　ぼくだってアカネさんと帰りたいのに、ずるい！

　アカネさんの周りの子たちに怒る

ヒッコさん

　　　……。

　だまって一人で帰る

サワさん

　私も○○好きなんだ。一緒にしゃべりながら帰っていい？

　アカネさんたちがよく話題にしているアイドルについて笑顔で伝える

　3人の言動を読んでみて、あなたが一番共感できるのは誰ですか？

　イカリくんは、自分の要求や気持ちを相手に伝えることばかりを考えてしまい、相手への思いやりが少し足りないようです。
　ヒッコさんは、自分の思いよりも相手がどう思っているかを気にして我慢してしまっていますね。
　サワさんは、自分も相手もいい気分になれるよう意識しながら話しかけています。

②授業中、後ろの子がちょっかいを出してくる

イカリくん

うるさい！　邪魔するな！

ヒッコさん

……。（我慢して何も言わない）

サワさん

今、私、数学の問題に集中してるんだ。じっくり考えたいから、悪いんだけど、この授業中は静かにしていてもらっていい？

あなたが言いやすいのは、3人のうち、誰の言葉？（　　　　　　　　　　　）

③隣の子が毎日忘れ物を「貸して」と言ってくる

イカリくん

またかよ！　使ってるからムリ

ヒッコさん

いいけど……

サワさん

先生も貸してくれるかもよ。落とし物の中にあったの、ちがう？

あなたが言いやすいのは、3人のうち、誰の言葉？（　　　　　　　　　　　）

ワーク ④仲良しグループの LINE で悩んでいる

　仲良しの友達数人のグループLINEは深夜もメッセージが送られてきたりします。休日に家族と出かけたりして返信が遅くなると、友達から「なんで返信くれなかったの？」と言われてしまいます。

イカリくん

（グループから退会）

ヒッコさん

私なんかが返信していいのかな……（既読スルー）

サワさん

いつも即レスはできないけど、ちゃんと見てるよ

　あなたがしやすいのは、3人のうち、誰の反応ですか？（　　　　　　　　　　　　）

上手な自己主張って？

　上手な伝え方のコツはいくつかありますが、その中でもまず取り入れやすいのは「I（アイ）メッセージ」です。これは「私」を主語にして相手に伝える言い方で、「私は○○と言われてうれしい」といった感じです。

　サワさんみたいなコミュニケーションが理想的ではあるけれど、いつもサワさんでいるのは簡単ではありませんよね。その場や相手に合わせて自分でサワさん、イカリくん、ヒッコさんのいずれかを選ぶことができるのが、上手な自己主張のゴールといってもいいかもしれません。

クラスメイトから
どう思われているか気になる

サワさんはクラスメイトから、「今度の日曜日、カラオケに行こうよ」と誘われました。いつもなら「うん、行く！　誘ってくれてうれしい♪」と言うサワさんですが、今回はあまり気が乗りません。

　　　モヤモヤの奥には、あなたの大切にしたいものが隠れているよ。
　　上のサワさんの例のように、自分の思いを伝えたいんだけど、なんだかモヤモヤする……という時もあります。これは自分の「価値」（大切にしたいこと）の影響が大きいのです。ちょっと自分の「価値」について考えてみましょう。

ワーク　サワさんはヒッコさんに相談しました

いつものサワさんなら「私、〇〇だから今回はカラオケやめておくね」と言うところです。でも、今回は伝えることを迷っています。

ヒッコさん

サワさんはカラオケ行くの？

んー、正直迷ってる

サワさん

へー、サワさんも迷うことあるんだ……

そりゃそうだよ〜。ところでヒッコさんは行くの？

う、うん……サワさん行きたくないの？

ま、まあ……苦手な子がいてさ

そっか。でも言いにくいよね

■サワさんは相手のことを考えて、敢えて「言わない」選択をするか迷っています。
　サワさんとヒッコさんの会話を読んでどう思いましたか？　あなたはどう考える？

ワーク ACT（アクト）で考えよう

　カウンセリングの手法の一つに、ACT（アクト：アクセプタンス＆コミットメントセラピー）という考え方があります。アクトでは「心理的柔軟性」、つまりオープンな心で目の前のことに集中し、自分の大切なもの（価値）に合った行動をすることを大事にします。

　「価値」とは自分の大切にしていること、何になりたいか、どう生きていきたいか、身の回りの人とどう関わっていきたいかなど、生きる上でのすべてのことに影響を与えます。自分の「価値」に合ったことであれば、やる気が出たり、達成した時の喜びを感じることができます。

あなたの大切にしたいこと・ものを書き出してみよう

趣味　例）毎日ランニングをする、ピアノを続けたい

好きなもの　例）アニメ、ネコ

自分の将来　例）ゲームに関係のある仕事、誰かの助けになりたい

家族　例）連休は家族と出かけたい、家の中でも自分の時間は大切

勉強　例）英語が話せるようになりたい

からだ　例）週に1回はゆっくり休む時間がほしい

● Values of Younger Ages scale（バリュース・オブ・ヤンガーエイジーズ・スケール、以下、VOYAGE）は、思春期から青年期までの若者を対象に、ACTの「価値」をどれくらい大切にできているかを測る尺度です。それぞれの質問にどれくらい当てはまるか数字に〇をつけてみましょう。

	まったく当てはまらない	少し当てはまる	当てはまる	とても当てはまる
(1) 何をしたら、心から充実感や達成感を得られるのか、わかっている	0	1	2	3
(2) 自分がどんな生き方をしたいのか、わかっている	0	1	2	3
(3) 「こんな人になりたい」という自分なりの目標がある	0	1	2	3
(4) 心から喜びや満足を感じるために、自分が何をすればいいか知っている	0	1	2	3
(5) 自分の人生で、大切にしたいと思えることが心の中にある	0	1	2	3
(6) 自分で決めた目標や夢に対して、なげやりになっている	0	1	2	3
(7) 「こんな人生を送りたい」という自分なりの目的が見えている	0	1	2	3
(8) ちょっとでもうまくいかないことがあると、自分の目標がどうでもよくなる	0	1	2	3
(9) 嫌な気分になると、大切なことが手につかない	0	1	2	3
(10) 自分が打ち込みたいと思えるものに、取り組めている	0	1	2	3
(11) 自分にとって大切なことでも「どうせうまくいかない」、「別にできなくてもいい」と思う	0	1	2	3
(12) 自分の目標のためには、大変なことにも取り組んでいる	0	1	2	3
(13) 「どうせダメ」と、やる前からあきらめる	0	1	2	3
(14) 「こんな自分でいたい」という想いを持って、努力する	0	1	2	3
(15) すぐに思うような結果が出ないことでも、自分のためになると思うことは、少しずつでも続ける	0	1	2	3

出典：Ishizu, K., Ohtsuki, T., Shimoda, Y. & Takahashi, F. (2020).

[解説]
※1 2 3 4 5 7 10 12 14 15（白）
※6 8 9 11 13（オレンジ）
①白の合計点数が高い…自分らしさによく気づけている
②オレンジの合計点数が高い…困難に出合った時に自分の内側からバリアをはりやすい

　あなたは毎日を自分らしく過ごせていますか？　①が高いほど、また②が低いほど困った時に思考や感情に振り回されず、自分らしい判断をし、その時々でやるべきことをこなせます。つまり、自分の「価値」を大切にすることで、前向きにしなやかに自分らしい人生を歩んでいけるといえます。

友達から 嫌われているかも……？

転校生のソラくんは、初めての学校で友達ができるか心配でした。自己紹介であるゲームが好きだと話したら、その後の休み時間に「ぼくもあのゲーム好きなんだ」と話しかけてくれたリョウタくんと仲良くなりました。リョウタくんとのおしゃべりが楽しみで、学校に通うのが楽しくなってきましたが、ある日、別の子から「リョウタがソラくんの悪口を言っていたよ」と言われました。

「ぼく、何か悪いことをしたかなぁ」とあれこれ考えてみましたが、何も思いつきません。クラスにはリョウタくん以外に仲のいい子がいなくて、誰にも相談できません。

　信用していた友達が自分のことを嫌っているかも……なんて考えただけで悲しくなるね。でも、それって本当かな？　一人で抱え込むとどんどん悪い方に考えてしまうこともあるよ。

ワーク　あなたがソラくんにすすめることは?

　あなたがソラくんの友達なら、どんな行動をしたらいいとすすめますか。理由も考えてみよう。

①「リョウタくん、ぼく何か悪いことした?」と聞いてみる

②悪口のことを教えてくれた子に相談してみる

③家族に相談する

④学校の先生に相談する

⑤誰にも相談せず一人で考える

⑥その他（＿＿＿＿＿＿＿＿＿＿＿＿＿＿＿＿＿＿＿＿＿＿）

■相談相手を信じることのメリット・デメリット

　誰かに相談することはとても勇気のいることで、相手を信じていないとできないことです。

　でも、どんなことでもメリット・デメリットはあるもの。人を信じることのメリット・デメリットについて考えてみましょう。

人を信じると
どんないいことがある?

	メリット	デメリット
人を「信じる」		
人を「信じない」		

本当の自分が出せない

穏やかでクラスのみんなから信頼されているサンタくん。所属している
サッカー部では、先輩の指名で部長を務めています。最近、サッカー部の
後輩が部活を休みがちだったり、厳しいコーチへの部員の不満も「まあま
あ」と聞いたり、いつも周りに気を配ってばかりいます。サンタくん自身も
勉強のこと、恋愛のこと、悩みはあるけれど、自分の相談はさておき、つい
「最近どう？」と相手の様子を先に聞いてしまうのがくせです。

　私たちは、日々いろんな人と接し、その人や場面に合わ
せていろんな「自分」を見せています。作家の平野啓一郎
さんは「私とは何か―『個人』から『分人』へ」（2012、
講談社）の中で、「たった一つの本当の自分など存在しない。
裏返して言うならば、対人関係ごとに見せる複数の顔が、
すべて『本当の自分』である」と書いています。学校にい
る自分はつらいけれど、家で"推し"の動画を見ている自
分は心から楽しんでいる。つらすぎる時には、そこでの「自
分」をいったんやめて、楽しい時間を過ごしている「自分」
のことをまずは大切にしましょう。

ワーク　あなたの「居場所」をメモしましょう

クラスに友達はいるけれど、一緒にいても心から楽しめなかったり笑えなかったり、家では親に成績のことで怒られてばかり。自分がほっとできる場所はどこか、考えてみよう。

どこで？

誰といる？

何をしている？

ポイント

「居場所」は学校や家だけじゃなく、いろんなところにあるよ。あなたの「落ち着くこと・もの」を考えてみよう。

例：推しの動画を見る、音楽やゲームなど好きなことが出来る空間、駄菓子屋のおばあさんといる時 など

ワーク　本当の自分が出せる時

あなたが安心して力を抜いて人と過ごせる時は、どんな状態ですか？　想像してみてください。

①表情は？　　　②どんな気持ち？　考え？　　　③なぜその人といると
　　　　　　　　　　　　　　　　　　　　　　　　　　安心するのだろう

周囲の期待にいつも応えて しまい、不満がつのる

休み時間に
教えてあげてね

は、
はい…

数学の得意なヒバリさんは、先生から「今日の授業の問題、わからなかった人に教えておいて」と頼まれました。最初の頃は先生に頼られてうれしく、友達も喜んでくれたので快く引き受けていました。しかし、その後、クラスメイトの質問に答えることが何カ月も続きました。

ヒバリさんはそのことがだんだん負担になってきて、ついに「なんで私ばっかり教えなきゃいけないんですか!?　私だって他にやりたいことがあるんです!!」と不満を爆発させました。

　人から頼られるのはうれしいこと。でも、本来は自分の仕事じゃないし、いつも頼られてばかりじゃあ、きつい時もあるよね。そういう時は31ページの「DESC法」を使って上手に相手に伝えてみよう。

ワーク　断りにくいのはなぜ？

周りの期待に応えたい、人に好かれたいなど様々な理由で、頼まれたことはすべて引き受けて頑張ってしまう子がいます。あなたは、どんな相手や場面なら引き受けますか？

①誰に頼まれる？…友達　先輩　親　先生（その他）

②どこで頼まれる？…学校で　部活で　みんなが見ている前で

③その他（　　　　　　　　　　　　　　　　　　　　　　　　　　　）

ワーク　困っているヒバリさんにどう声をかけますか？

あなたなら、本当は断りたいと思っている人になんて声をかける？

ワーク　断る練習

50〜53ページの「アサーティブなコミュニケーション」を使って、先生に伝える方法を考えてください。

ヒバリさんは

と先生に伝えてみた方がいい。

友達との付き合い方で
悩んでいる

気心知れた友達との関係は楽しいものですが、成長するにしたがって自分の考え方も変化していきます。いくつかのケースを例にそれぞれ思ったことを書いてみよう。他の人の意見も聞いてみよう。

①他のグループとの関係が気になる

ユイさんは小学校から一緒の友達となんとなく集まって休み時間や放課後を過ごしています。実は最近、韓国アイドルの話で盛り上がっている別のグループの話に入りたいなぁと思うようになりました。でもいつものメンバーと違う子と話したら、かげで何を言われるか心配で行動にうつせません。

②先生に相談したらクラスメイトからどう思われるか不安

クラスの人間関係に悩んでいるユリナさん。担任の先生から「最近元気ないけど、どうしたの？」と声をかけられ、「なんでもないです」と答えたものの、やっぱり相談しようかと思っていました。でも、クラスメイトから「さっき先生と何話してたの？ ユリナさんは先生のお気に入りだからいいよね」と言われ、先生に相談するのはやっぱりやめようと思い直しました。

③悪く言われるのが嫌で、本当の自分を隠している

　ソウマくんはピンク色が好きで、ピンク色の物をいろいろ持っています。ある日クラスのリーダー格の子に「男がピンクなんてダッサ！女みたい」と言われて以来、学校では人目につかないよう隠しています。これから新しく買うものは黒にしなきゃ、と思いつつピンク色のものに惹かれてしまいます。ピンクがいいけど、クラスでバカにされるのは嫌だ、と葛藤しています。

④家族に対して素直になれない

　カンナさんは、学校ではみんなに嫌われまいと笑顔を「作って」過ごし、毎日疲れてしまいます。家ではいわゆる「反抗期」で、母親とぶつかってばかり、学校でのストレスで八つ当たりもしてしまっています。本当はお母さんに相談したいのに、素直になれません。お母さんとけんかしてばかりの自分は嫌だし、作り笑顔の自分はもっと嫌。どうすれば自分を好きになれるのか、いつも自分を責めてばかりいます。

⑤友達を続けるために興味ない話題にも合わせる

　アオさんはマンガやゲームが大好きです。でも、今仲良くしている友達には、マンガやゲームが好きなことを隠しています。なぜなら周りの友達は韓国アイドルやインスタに夢中。アオさんは興味がないアイドルの名前や、ダンスの振りを覚えるのに必死です。「実は韓国アイドル、そこまで好きじゃないんだ」と言えれば楽なのかもしれないけれど、言ってしまった時の友達の反応や一人ぼっちになってしま

うことを考えると、合わせるほうが楽、と思ってしまいます。

⑥友達に「いい子ぶってる」と言われた

　ユアさんは、困っている人がいたら声をかけたり、みんなが避ける役割も積極的に引き受ける性格です。友達から頼られ、悩みを相談されることもよくありました。ある時、いじめられている子から相談を受け、いじめている子に直接「そういうのやめた方がいいよ」と伝えると、「ユアの方が、誰にでも好かれようとしていい子ぶってる。みんなそう思ってるよ」と言い返されました。

　その言葉にショックを受けたユアさんは、これまで自分が正しいと思っていたことや友達関係がガラガラと音を立てて崩れる気がしました。友達も大人も、私のことをどう思っているのかわからないと不信感を抱くようになりました。それ以来、友達と顔を合わせることが怖くなり、学校に行けなくなりました。

⑦先輩からお金を貸してと頼まれた

　カイトくんは、バスケ部に入っています。上下関係が厳しく、「先輩の言うことは絶対」と教わりました。ある日、部活の先輩に「財布忘れたから1,000円貸して」と言われました。ちょうど昨日、おこづかいをもらったばかりで財布の中に2,000円入っています。

　自然な感じで「いつ返してくれますか？」と聞いたところ、「来週返すから」と言われました。まあいいかと思い渡しましたが、1カ月経っても返ってくる気配がありません。

3章

好きな人、性のこと、
コンプレックス

ずっと彼氏（彼女）や親友と
つながっていないと不安

エリさん（中3）は付き合いだして3カ月の彼氏がいます。インスタのDMを使って、授業中、休み時間、放課後、帰宅後も彼氏と会話をしています。他にもGPS（位置情報）アプリを使って、お互いがどこにいるか把握できる状態にしています。

そんな毎日を過ごしていると、彼氏から返事が数分来ないだけでもとても不安になるようになってしまいました。不安どころか、何をしているのか気になって、SNSなどで共通の友達のアカウントをたどって彼氏の行動を探ることもあります。

彼氏や友達と常につながっているのが当たり前になっているんだね。つながらなくても、把握できなくても不安にならない「考え方」と「行動」を一緒に考えてみよう！

ワーク　エリさんの「考え方」と「行動」のクセを確認しよう

　エリさんは、彼の行動が気になって仕方ないようです。彼女の「考え方」と「行動」のクセを探してみよう。あなたも自分のクセを探しましょう。

エリさんの考え方や行動のクセ

①一人は嫌だなぁ。（考え方）

↓

②あれ？　友達ともいないってことは、誰かと浮気してるかもしれない。（考え方）

↓

③心配だからソッコー連絡する（行動）

ワーク　思い込み（考え）と事実を分けてみよう

事実	思い込み
・彼氏が一人でいる ・日中は常につながっていて会話ができる ・GPSで常に居場所が確認できる	・浮気してないかなぁ ・一人で過ごすのは嫌だなぁ ・彼はどこかで遊んでるにちがいない

ワーク　考え方や行動を変えるためのアイデアを考えましょう

☐スマホを触る時間帯を限定してみる

☐メッセージを送りたいと思ったら、近くにいる人と話してみる

☐彼氏と話し合って、メッセージを送る時間帯を少なくする

（　　　　　　　　　　　　　　　　　　　　　　　　　　　　　　　）

　スマホを見ている間、心では何をつぶやいているだろう？自分の"つぶやきのクセ"がわかると考え方を切り替えることができるよ！

23
Self Management

中学生のスキンシップは
どこまでしていいの？

キスするの？

サトミさんは付き合いだして半年の彼氏がいます。最近、彼氏からLINEで「キスしちゃおっか」とか「週末は親がいないから家に遊びに来て」と誘われました。サトミさんは彼氏のことがとても好きで、キスぐらいならいいかと思っていますが、一方では中学生なのに家で二人きりで過ごすのはエッチな方に発展しないかと不安に思っています。

　相手のことがどんなに好きで、親しくなりたいと思っても、身体に触れたり性的なコミュニケーションをすることには同意が必要です。お互いに無理をしていないか、会話を通して確認しましょう。

※同意があっても、16歳未満の性行為は法で罰せられる可能性があるので要注意！

ワーク　性の悩み、どう考えてる？

　学生時代の恋愛や性的言動には、いくつか注意すべきことがあります。以下のポイントに沿って、自分に知識や判断力があるかを考えてみましょう。

①中学生らしい付き合い方とは何でしょうか？

②性的なコミュニケーションが与える、心や身体への影響を理解していますか？

③付き合っていることに関して不安なことがあったら、相談できる人はいますか？

④性病のリスクを説明できますか？

⑤お互いに避妊の知識はありますか？

⑥避妊の方法を2つ言えますか。

⑦妊娠したら、あなたはどうしますか？　相手はどんな反応をしますか？

> ✏あなたが友達に「彼氏（彼女）と二人きりで過ごすのは早いかな？」と相談されたら、どう答えるかを書き出してみよう。

よくある誤解

　「付き合っている＝相手の望むことにすべて応える」は間違った考えです。他にも「初体験は早い方が大人っぽい」「手を出してこないのは愛されていないから」「好きだったらできるはず」も同様に間違っています。ネットの情報や友人の体験談を鵜呑みにしないようにしましょう。特に性的なコミュニケーションには同意が不可欠で、相手が望んでいないことをさせていないかにも注意が必要です。お互いを思いやり、いい関係を築くことが大切です。

■不安な時の相談相手や窓口

【身近なところ】保健室の先生、カウンセラーなど話しやすい大人（一緒に考えてくれます！）

【相談窓口】「思春期 性 相談」クリック⇒各自治体で窓口を設置しています

　　　　24時間子供のSOSダイヤル（文部科学省）0120－0－78310

24

Self
Management

やたらと触ってくる子がいて
勘違いしてしまう

アイさん（中1）は、男子と話をする時に、「もう〜！」と言いながら肩を叩いたり、腕をグイッと引っ張ったりします。触られた男子の中には照れている人や「もしかして俺のこと好きなのかなぁ？」と勘違いしている人もいるようです。

　　　　　他人が自分に近づける限界の範囲のことを**パーソナルス**
ペースといいます。心理的ななわばりのことで、自分のな
わばりに勝手に他人が侵入してくると、不快感を覚えます。
パーソナルスペースには個人差があるので、自分がよかれ
と思って近づいても、相手にとっては不快かもしれません
ので、注意が必要です。

ワーク　自分のパーソナルスペース

　4人1組になって、お互いのパーソナルスペースを確認しましょう。自分と相手がちょうどよいと思った距離を書きます。グループメンバー以外の人で気になる人（親、兄弟、先生、恋人など）のパーソナルスペースも調べて記入しましょう。

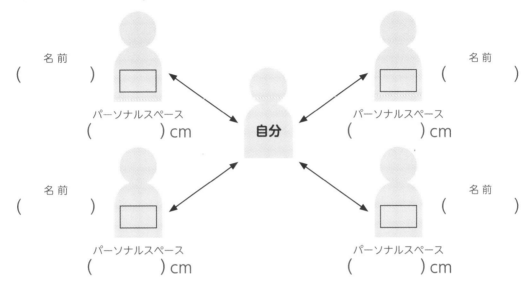

名前
（　　　　　）
パーソナルスペース
（　　　　　）cm

名前
（　　　　　）
パーソナルスペース
（　　　　　）cm

自分

名前
（　　　　　）
パーソナルスペース
（　　　　　）cm

名前
（　　　　　）
パーソナルスペース
（　　　　　）cm

ワーク　心理的距離は相手によって変わる

　一緒にいて心地よい、または不快な距離感の中には、行動も一つの要素に含まれます。次の行動をとってもいいと思える人、思えない人の線引を考えてみましょう。
・連絡先を交換する
・頻繁にやりとりする
・二人きりで同じ部屋にいる
・夜遅くに会う
・チャットや通話で性的なやりとりをする……など

　小学生の低学年までは男女関係なく、スキンシップが身近なコミュニケーションとして日常的にあるのは自然なことです。思春期以降になると、「個」としての意識が強くなり、また異性との距離感が明確になっていきます。お互いが安心して過ごすために、適切な距離感で過ごすことが大切です。異性との距離感を間違えてしまうと、トラブルに発展する可能性があります。

自分が話すと周りが引く気が
して言いたいことが言えない

あいつ
最悪だよね

本当
最悪

だ、
だよね

そんな
こと
ないのに…

カンナさん（中1）は、他の人が自分のことをどう思っているのか気になって仕方ありません。グループの中で言いたいことがあっても、「こんなこと言ったら嫌われるんじゃないか、引かれるんじゃないか」と考えてしまって、言えなくなってしまいます。その結果、周りに合わせることに心が疲れてしまいます。

　　あなたは自分の言いたいことをきちんと言えていますか？　人の意見に合わせるということは、相手からすれば「共感」していると思われます。そのような対応は、人によっては、仲間だと思う人もいれば、いつも自分の意見を言わないから本心がよくわからないと思われている可能性もあります。自分自身も我慢しすぎてストレスがたまってしまうかもしれませんね。

ワーク　言いたいことをちゃんと言えるかどうか調べてみよう！

　自分に当てはまると思った項目をチェックしよう。チェックが多ければ多いほど、上手な自己主張ができる人です。

☑ アサーションチェックリスト

- ☐　相手の服装によい印象を持った時、いつもほめ言葉を言える。自分の長所や成功体験を人に伝えることができる

- ☐　わからないことがあれば相手に質問できる。人と異なった意見や感じ方でも言うことができる

- ☐　自分が間違っている時に、素直に認められる。攻撃的にならずに批判を述べることができる

- ☐　話し合いの場で、自分の意見が言える

- ☐　助けが必要な時に、周囲の人に助けを求めることができる

- ☐　パーティなどの社交的な場で気軽に会話ができる

- ☐　自分が緊張している時や不安な時は、その状態を受け入れることができる

- ☐　プレゼントを喜んで受け取れる

- ☐　不当なことをされた時、我慢しないでやんわりと抗議できる

- ☐　人からほめられた時、素直に喜べる

- ☐　人から批判された時に、無視したり怒ったりせずに落ち着いて対応できる

- ☐　長電話や長話を切りたい時、自分から言える

- ☐　自分の話を中断された時、「できれば最後まで話させてください」と言える

- ☐　パーティなどに招待された時、受けるか断るかを決められる

- ☐　料理など、注文通りのものが来なかった時に、それは違うと言って交渉できる

- ☐　行きたくないデートや会合を断る時に、その理由をきちんと説明できる

- ☐　協力を求められて自分にできないと思った時に、そう言って断れる

アサーションは、単なる自己主張ではありません。
アサーションについては、31、50ページに詳しく書いているので、もう一度読んでみましょう。

周囲の行動に振り回されて落ち込む

シンジくん（中3）は、クラスの中で友達がヒソヒソ話をしていると、「自分のことを話しているんじゃないか？」と気になってしまいます。一度気になると、放課後や家に帰ってもそのことが気になって仕方ありません。そして、「先週、俺が言ったあの言葉が悪かったのかなぁ、あの態度がいけなかったのかなぁ」と考えすぎてしまいます。

　シンジくんは出来事を自分と関連づけて落ち込みやすい「考え方のクセ」を持っているといえます。
　では、どのように考え方を変えたら落ち込まないでしょうか。次のページで練習しましょう！

ワーク ## あなたならどんな考えに書き換える？

　ある状況に接すると、人は頭の中で自動的にいろいろなことを考えます。人によって、その考えのクセは違いますが、それを変えると落ち込みが少なくなります。では、考え方を書き換えてみましょう！

苦手な英語を頑張って勉強したのに85点
しか取れなかった。何やってもダメだ。

苦手な英語を頑張って勉強したら、85点取れた。

あなたなら、なんと書き換える？

ワーク ## 落ち込む考え方のクセ

　自分に当てはまると思ったものに☑を入れてください。
☐ 好きか嫌いか、敵か味方か、0か100か、極端な考えをしてしまう（二極化思考）
☐ 自分にはよい部分もたくさんあるのに、悪いところばかり考えてしまう（マイナス思考）
☐ いつも自分には最悪のことばかり起こってしまうと考えてしまう（破局形成）
☐ よいことが起こってもそれはたまたまで、長くは続かないと思ってしまう（否定的予測）
☐ 人の考えを想像して、根拠もないのにその考えを正しいと信じてしまう（例：あの人たちは私のことを悪く思っているに違いない）（マインドリーディング）
☐ 自分は何をやってもダメだ。ダメな人間だと思ってしまう（低い自尊心）

　　✐あなたの考え方のクセは他にもありますか？　気になったことを書いてみよう。

強いコンプレックスがあって、自分を好きになれない

アオイさんは「同じ制服を着ててもあの人は可愛くてセンスいいし、うらやましいなぁ。それにくらべて私なんて……」と思ってしまいます。顔がいいわけでもないし平凡、勉強ができるわけでもスポーツができるわけでもない。こんな自分がやだなぁ……といつも周りとくらべて自分のマイナスな面ばかりが気になってしまうようです。

　　　　　弱点というほどでなくとも、人とくらべてうらやましく感じたり、理想の自分とギャップがあって劣等感を持つことがあります。それは、あなたがまだ自分のよさに気づいていないだけかもしれません。ちょっと照れくさいかもしれませんが、仲良しの友達、親、信頼できる先生に、「私のいいところ教えてくれる？」と聞いてみてください。聞かれた人はあなたが真剣に質問をすれば、きっと答えてくれると思います。自分では気づかないような、長所を教えてくれるかもしれません。

ワーク **自分の過去と今の自分をくらべてみよう**

　他人とくらべる前に、まずは自分の過去とくらべてみましょう。昔の自分にくらべると、少しは成長しているかもしれません。

以前の自分は嫌なことがあるとすぐに怒って周りを振り回していたが、
今の自分は嫌なことが減って、友達とケンカすることも少なくなった。

> ✐以前の自分は＿＿＿＿＿＿＿＿＿＿＿＿＿＿＿＿＿＿＿＿＿＿＿＿
>
> 　だったけれど、
>
> 　今は＿＿＿＿＿＿＿＿＿＿＿＿＿＿＿＿＿＿＿＿＿＿＿＿＿＿＿＿＿
>
> ＿＿＿＿＿＿＿＿＿＿＿＿＿＿＿＿＿＿＿＿＿＿＿＿＿＿＿＿＿＿＿＿
>
> 　になった。

　成長している部分を発見できたら、それを自分で認めることです。あなたはあなた。大切なあなた。今の自分を受け入れてみましょう。

　思春期は自分自身を客観視する視点が養われていく時期であり、自分と他者を比較しやすい時期でもあります。他者と比較し優れていることで自己肯定感を得る側面もありますが、それは社会環境などに左右される不安定な自己肯定感ともいえます。

　自己開示的（アサーティブ）な人との関係が自己肯定感を育て、他者や社会とのつながりを深めると考えられています。

性的欲求がコントロールできない

ケンタくん（中2）は、エッチな本が見たくて見たくて仕方ありません。昨日は、2歳上の兄の部屋に入ってエッチな本や動画がないか、探してしまいました。友達からポルノサイトのリンクを送ってもらい、それを見ながら毎日マスターベーションをしています。学校でも気になる子のことばかり考えてしまいます。ケンタくんは、「自分の性欲って、異常なのかな？」と悩んでいます。

　　　性欲があることは、何も恥ずかしいことではないのですが、気軽に人に相談はできませんよね。10代で性の問題で悩んでいる人はたくさんいます。人との距離感や行動を制限できないなど、不安な時や上手に距離が置けない時は、カウンセラーや保健室の先生など、信用できる大人、守秘義務がある人と誰も聞いていないところで相談してみましょう。

＊守秘義務…あなたが誰にも話さないで欲しいと言ったことについて、カウンセラーは秘密を守る義務があります。公共の場で話さない、聞いたことを他言しないという約束をします。また、「相談者と必要以上に親密な関係になり、恋愛感情などを持たない」ことも、ルールの一つとして定められています。

セルフプレジャー（マスターベーション）について

　セルフプレジャーとは、自分で自分の身体に触れて性的な快感を得る方法のことです。大人になる上で自分自身の性的快感を満たすことは普通のことですし、リラックス効果もあるといわれています。その上で大切なことをお伝えします。

①エッチな動画やマンガはフィクションも多く含まれています

②エッチな動画やマンガで表現されている性的描写をマネして、相手から嫌われたり、犯罪に発展したりする事例もあるので気をつけましょう

③インターネットの情報には、間違った情報が多く存在します

④ストレスをマスターベーションで解消することはやめましょう

〈落ち着かない時にできること〉

・運動で解消する

・夢中になれることに集中して気晴らしする

・食べる、寝る、など他の欲求に代替する

夢からさめて現実へ
──セルフモニタリング

　小学生の頃は、無邪気に「ユーチューバーになりたい！」、「プロサッカー選手になりたい！」と言えていたけれど、中学生ぐらいになると堂々とは言えなくなるのはなぜでしょう。それには、いろいろな理由があります。

　一つは、現実がだんだんと見えるようになるからです。例えば、ユーチューバーとしてお金を稼ぐためには、想像力、シナリオを作る言語能力、パソコンを使える技術力と編集力、視聴者のニーズをとらえる共感性など様々な能力が必要です。単純にゲーム実況をしながらキャーキャー騒いでいる動画をアップしてもチャンネル登録者数は2桁止まりです。

　その他にも、中学生から高校生ぐらいになると、自分を客観的に見られるようになります。それを「セルフモニタリング」能力といいます。セルフモニタリング能力が発達すると自分の限界も見えてきて、いい意味でも悪い意味でも、自分の将来像に迷いが生じてしまいます。「やりたいこと」と「できそうなこと」に現実的な判断力がついてきます。

　では、どうすれば将来が見えて来るのでしょうか。それには、もっとあなたについての情報が必要で、その情報を自分自身がよく知る（自己理解を深める）ことが大切です。同時に、その情報を得るためには、考えているだけでなく行動することも大切です。やってみたい部活やアルバイトがあれば、飛び込んでみましょう。すると、「あぁ、自分はチームワークに向いているな」、「手先が器用ってほめられた」、「人としゃべることって楽しいな」など、新しい自分が見えることもあります。

　そのような情報を手がかりに、自分の将来像を考えてみてはどうでしょうか。思い浮かばなかったら、まずは行動。できることから行動して、そこで得た情報を大切にすることです。

4章

家族関係の悩み

両親のケンカを見るのが つらい

シズクさん (小6) は、家に帰るのがゆううつです。学校はほっと落ち着く場所。なぜかというと、いつも夜になると、両親が激しいケンカをしているからです。友達の家に遊びに行った時、その子の両親の仲がいいのを見て、「うちはおかしいんだ」と気づき余計に落ち込みました。

もう、家にいたくない。すごく悲しい気持ちになる。消えてしまいたい……。そう思う日が続いています。誰かに相談したくても、誰にも話してはいけないタブーのように感じます。

「消えてしまいたい」と強い悲しみを感じてしまうほど家族間の関係がよくない家もあります。そんな場面をイメージしたら、あなたならどんな気持ちになりますか？自分の気持ちを客観的に見て、その気持ちを抱え込まず、誰かに相談したりアサーティブに伝えられるといいね。

ワーク　どんな気持ちになる？

あなたは家族がケンカしている時、家族が理由もわからずにイライラしている様子の時、どんな気持ちになりますか？

☐ イライラする

☐ 悲しい気持ちになる

☐ 自分のせいではないかと不安になる

☐ 自分がケンカをとめなきゃいけないと思ってしまう

☐ 気にしない

☐ 普段から親の機嫌が気になる

☐ その他

あなたの感情（気持ち）を大切にして欲しい。
今、気が付いた感情があったらメモしてみてね。

✐親しい人のケンカを見た時は、

_____

_____

_____

_____

_____と思う。

気持ちの強さを数値にしよう

次に、あなたが前ページでイメージした場面の気持ちの強さをチェックします。

前のページでチェックを入れた項目について、どのくらいの「強さ」で感じているかを、下のものさしに書き入れてみよう。0が小さくて10が大きいイメージだよ。

①イライラする

| 0 | 1 | 2 | 3 | 4 | 5 | 6 | 7 | 8 | 9 | 10 |

②自分のせいではないかと不安になる

| 0 | 1 | 2 | 3 | 4 | 5 | 6 | 7 | 8 | 9 | 10 |

③自分がケンカをとめなきゃいけないと思ってしまう

| 0 | 1 | 2 | 3 | 4 | 5 | 6 | 7 | 8 | 9 | 10 |

④悲しい気持ちになる

| 0 | 1 | 2 | 3 | 4 | 5 | 6 | 7 | 8 | 9 | 10 |

⑤普段から親の機嫌が気になる

| 0 | 1 | 2 | 3 | 4 | 5 | 6 | 7 | 8 | 9 | 10 |

⑥その他（　　　　　　　　　　　　　　　　　　　　　　　　　　　）

| 0 | 1 | 2 | 3 | 4 | 5 | 6 | 7 | 8 | 9 | 10 |

自分の感情を「外在化」するだけでも、それを意識してコントロールすることにつながるといわれています。

ワーク　SOSサインを知ろう！

親のケンカを見た後、心や身体にどんな反応が出やすい？　自分の変化を注意深く観察します。

各項目の気持ちの強さが10に近いと、ストレスがかかります。ストレスがかかった時の自分の身体と気持ちにどんな変化が起こるかな？　当てはまるものに〇を付けてみましょう。

身体

頭痛、肩こり、胃痛、腹痛、めまい、ドキドキする、眠れない、寝すぎる、
息切れ、身体の震え、食欲低下、耳鳴り、便秘や下痢、口の中が乾く、汗が出る、
しびれ、吐き気（ムカムカする）、
その他（　　　　　　　　　　　　　　　　　　　　　　　　　　　　　　　）

考え方

物事を悪い方に考える、他者を責める気持ちが強くなる、投げやりになる、
やるべきことから逃げる、我慢する、無理して頑張りすぎる、
考え方が狭くなってしまう、楽しいと思わない、自分がダメだと思ってしまう、
学校に行きたくない、誰とも会いたくない、
その他（　　　　　　　　　　　　　　　　　　　　　　　　　　　　　　　）

感情

イライラ、不安、怖い、怒りやすくなる、緊張、さみしい、悲しい、独りぼっち、
むなしい、空っぽな感じ、やる気がなくなる、自分が悪いと落ち込む、
ソワソワ、落ち着かない、
その他（　　　　　　　　　　　　　　　　　　　　　　　　　　　　　　　）

行動

集中できない、忘れっぽい、食べすぎる、食べられない、吐く、ケンカする、
引きこもる、身体の一部が勝手に動く（チック）、言葉がうまくでない（吃音）、泣く、
戦う、考えられなくなる、決定が出来なくなる、傷つけたくなる（リストカット）、
その他（　　　　　　　　　　　　　　　　　　　　　　　　　　　　　　　）

ストレスを自分で
和らげる方法

友人関係に疲れた時、メンタルが弱っているなと感じる時に、どんな行動をしたら気が紛れたり、リラックスできるでしょうか？　いろんな対処法を持っておくことで、へこんでしまった時もうまくやり過ごせるかもしれません。簡単にできて、心理学的によいといわれている方法をいくつか紹介します。いろいろと試してみながら自分に合う方法を探してみましょう。

　　　　ストレスがたまった時に自分のライフスタイルに合った解消法を持っておくことで、何かあっても落ち着いて対処できるようになります。自分への「ごほうび」は、お金がかかりすぎることや健康への悪い影響があるものは避けようね。

ワーク　プチごほうびを生活に取り入れる

　ごほうびというと、なにか特別なことや外出を思いうかべる人もいるかもしれません。月に何回かできそうなくらい、ハードルの低いものがおすすめです。思いうかんだアイデアを文字や絵で描いてみましょう。

①自分への「ごほうび」であると意識しながら取り入れる

②いつも何気なく取り入れている「好きなこと」や「楽しい時間」を計画的に取り入れてみる

なにを	いつ	どのように
お菓子	休憩中	好きな紅茶と一緒に

なにを	いつ	どのように

ワーク　とりあえず落ち着く

身体や言葉を使って、ストレスをやわらげる方法です。

心の叫びを言葉にする	自分の身体をいたわる	筋弛緩法を取り入れる
・私は苦しい！ ・つらくてたまらない！ ・もうどうでもいい！ ⇒気持ちを言葉にしてみる ⇒手帳や日記に書いてみる ※鍵アカでもSNSに書き込むと、トラブルに発展して余計にストレスになることもあるので注意しよう	胸、肩、お腹、おでこ…… 目をつぶって「1、2、3、4」と心の中で数えながら優しくトントンと叩く。 身体の温かさやトントンする感覚に集中してみましょう。 毛布に身体を包み込んで、その感覚に集中する（集中するフリをする）。	両手のこぶしを力強くギューッとにぎりしめ、3つ数えたらパッと手を開き、力が抜けた感覚を味わいましょう。 両目をギューッとつぶり、3つ数えて目を開く、などの応用も。 ヨガはこの筋弛緩法（きんしかんほう）と呼吸法を取り入れたリラックス法の玉手箱です！

ワーク　マインドフルネスを実践する

自分の「今・ここ」の体験に意識を向け、それらを判断したり評価したりすることなく、そのまま眺めたり受け止めよう。

何が見えるか実況中継	呼吸を観察 （マインドフルネス呼吸）	「食べる」を観察 （マインドフルネス味覚）
空が見える 空が青い 雲が見える 雲はぽこぽこ 屋根が見える 壁は白い	呼吸は口と鼻から入ってのどを通って、肺、おなかへ…… 身体のどこをめぐっているか 次の呼吸はどんなタイミングで行われているか	（例）レーズン・エクササイズ 眺めまくる（視覚） においをかぐ（嗅覚） つまむ（感覚） 口に入れてかんだり、舌でつんつんしたり 唾液 味覚 嗅覚 飲み込む感覚

ワーク　意外と身近にあるわくわく

好きなことや得意なことを見直して、確認してみよう。

好きな人、音楽、キャラクター、あこがれる人、お気に入りの場所、好きな本などをかき集める	
・いつもニコニコしている先輩 ・カレー屋のお姉さん ・芸能人、モデルさん ・ぐでたま、トトロ ・きりん、犬、ネコ	

ワーク　あなたを助けてくれる人

　悩んだ時に、家族以外にあなたを助けてくれる人たちを思い浮かべ、自分だけのサポートネットワークを書き出してみましょう。

サポートや支援について情報収集をする
・保健室の先生 ・部活の先生 ・担任の先生 ・スクールカウンセラー ・スクールソーシャルワーカー ・塾の先生 ・24時間SOS電話相談

31
Self
Management

イライラして家族に
暴力的になってしまう

マナブくん（中2）は、イライラすると母親や弟に対して暴言を吐いたり、時には手を上げてしまうこともあります。カッとなると我を忘れて攻撃的になり、自分では止められなくなります。暴れると自分が支配者になったようで快感を得ます。

　　あなたはどんな時に「怒り」を感じていますか？　その怒りの感じ方や大きさは人それぞれです。そして怒りは二次感情であり、無自覚のうちに感じているさみしさ、悲しさ、不安などの感情が根底にあり、怒りとして表現されるともいわれています。あなたが怒りを感じやすい場面を振り返り、出来るだけ負の感情に振り回されず過ごせるように工夫してみましょう。

ワーク　イライラの原因を探る

　あなたはどんな時にイライラしやすいですか？　当てはまるものにチェックしてみよう。

□ 気持ちを理解してもらえなかった時
□ 予定が変更になった時
□ 勉強がわからない時
□ きょうだいで扱いが違った（差別された）と感じた時
□ 友達との関係で（学校で）うまくいかないことがあった時
□ 親に対してムカつく⇒それってなんで？（　　　　　　　　　　　　　　　）
□ きょうだいがムカつく⇒それってなんで？（　　　　　　　　　　　　　　　）
□ その他（　　　　　　　　　　　　　　　　　　　　　　　　　　　　　　）

その時どんな気持ちになる？ _____

周りの人はどうやって乗り越えている？ _____

あなたはどうやって乗り越える？ _____

ワーク　イライラの対応テクニック

　過去、どんな時にイライラや不安を感じたでしょうか。

　自分を観察して、まずイライラスイッチを見つけ（どんな場所、どんな時に感情が動くか）、次ページにある使えそうな対応テクニックとマッチングしてみよう。

場所	どんな時？	感情	対応方法
例）家	しようと思っていたタイミングで「宿題しなさい」と言われた時	イライラ	② ③

■イライラの対応テクニック

①頭の中で7まで数える	頭の中で１　２　３　４…と７まで数えてみる
②ストレッチ	ググーッと身体を伸ばす、首を回す
③筋弛緩（きんしかん）術 ※筋肉の緊張をゆるめる方法	両手をグーにして力を入れ肩を持ち上げて１　２　３と数え、パッと力を抜く 顔の筋肉を中心に向かってクシャッと力を入れて１　２　３と数え、パッと力を抜く
④気持ちを伝える	・話し合いで ・SNSで ・お手紙で
⑤愚痴を言う	友達に話す（友達の負担を考えつつ）
⑥目の前の実況中継	机がある、鉛筆がある、黄色い、固い……など目の前の観察と実況中継に集中して、イライラを考えないようにする
⑦その場から離れる	まずは避難！　イライラや不安が増す環境から一旦距離をおく

　他にどんなテクニックがあるでしょうか？　あなたのアイデアやグループで話し合って出たアイデアを書き留めておこう。

あなた自身が考えた（グループで考えた）対応テクニック		
⑧		
⑨		
⑩		
⑪		
⑫		

手軽にできるリラックスする方法

●好きな香りを取り入れてみる

●落ち着く飲み物（紅茶やホットミルクなど）を飲む

●自然と触れ合う（公園、森林浴など）

●空や海を見る、海の音を聴く（ユーチューブなどにもアップされているね）

●お風呂でゆっくり緊張をほぐす

●運動してみる（散歩、ストレッチ、ジョギング）

●動物と戯れる

●話を聴いてもらう

●気持ちを書き出してみる

どれが自分に合っているかを考えよう。

生活に取り入れるために、より具体的な方法を書き出そう

（例）

好きなにおいのシャンプーに変えてみる

好きなごはんを作ってもらう（家族に頼んでみる）

朝から軽くラジオ体操をする

不安が高まったら保健室の〇〇先生に話を聴いてもらう

_____

_____

_____

友達には言えない家庭の悩みがある

① 「こんな成績しかとれないのか！ お前なんか価値がない‼」と成果を求められ伴わないと否定される

② 「あなたはいい子だから、我慢できるよね？」と過度の期待や干渉をされ自分の考えや思いを聞いてもらえない

③ 精神的に不安定な母のために、自分はどう対応したらよいかわからない

④ 家族の介護のために自分のやりたいことができない

ワーク **友達にアドバイスしてみよう**

　左の①〜④のイラストのような悩みをかかえている友達がいるとします。その人にどんな風に声をかけますか。

（例）

お母さんが落ち込むと、布団から出てこないし、夜になるとお酒飲んで転んだりする。
心配だからひと時も離れられないんだ。
買い物はぼくがしているよ。

一人で抱え込んでいるように感じてとても心配だよ。
君だってやりたいこととかあるんじゃない？
誰かに相談することはできないかな？

あなた自身の家庭に関する悩みを下に書き出してみください。

例：父と母の仲がよくない
　　お酒を飲むと人が変わる
　　おこづかいをもらえない
　　遊ぶ時間がない

前ページの悩みに、大切な親友に相談された気持ちになってアドバイスしてください。

あなた自身の「強み」を探そう！
(1)　あなた自身が気づいているあなたの強み（よいところ、得意なこと、興味関心）

よいところ	得意なこと	興味関心
（例）兄弟に優しく出来る	（例）ていねいに絵を描く	（例）アニメ、音楽

(2)　あなたのいいところを友達に聞いてみよう。
(3)　あなたのいいところを家族に聞いてみよう。

見つけた強みを生かそう！
(1)　あなた自身が気づいているあなたの強み(よいところ、得意なこと、興味関心)は、自分自身のために、クラスの中や地域でどんな風に役に立ちそうかな。

（例）年下の子に優しく出来るから、1年生と一緒に絵を描く

　　親や先生、友達からの期待。うれしいこともありますが、過剰な期待や役割を押し付けられることはプレッシャーやストレスにもなります。周りの反応が気になって、周りの期待に応えようとして、自分の気持ちがわからなくなることも。あなた自身の本当の気持ちや求められている役割以外のあなたらしさについて考えてみましょう。

SOSサインを発信しよう！
どんな時に相談したらいいの？

こんな時は大人に相談！（SOS）

・**虐待される**

　□ 身体的虐待：暴力を受ける（叩かれる、殴られる、つねられる、熱湯をかけられる、閉じ込められる、外に放置される など）

　□ 心理的虐待：心が傷つくような対応をされる（暴言、無視、保護者の激しいケンカ、兄弟間差別 など）

　□ 性的虐待：性に関する嫌なことをされる（身体に触れる、性的メディアを見せられる、性的な言葉をかけられる など）

　□ ネグレクト：養育が不十分な状況（例：ごはんが用意されていない、衛生面が保てない、具合が悪くても病院に連れて行ってもらえない、いつも夜は一人 など）

・**死にたいと思ってしまう**

　それ以外でも身体や心のSOSサインを感じたら信用できる大人に相談してみて。

こんなことで相談していいのかな？

もちろんです！
まずは身近な大人に相談してみましょう。

親や兄弟に嫌なことを言われても嫌だと言えない

宿題しなさい！
終わったら
ちょっとおつかい
行ってきて

…

ミクさん（中1）は、部活でクタクタになって家に帰りました。ちょっとリビングでゆっくりしていたら「宿題をしなさい！　終わったらコンビニでちょっと買い物してきて」とお母さん。「少しくらいゆっくりさせてよ……」とちょっとイライラするものの言い返せません。本当は伝えたい気持ちがあるのに、ブレーキをかけてしまうのはどうしてでしょうか。

例）母「お家のお手伝いしてよ」

　△ついつい言いなりになる

　私「（今、学校から帰ってきて少しゆっくりしたかったのに……）

　　　うん、わかったよ…おつかいに行ってくるね」

　△ついつい対立的な言動で応える

　私「なんで私ばっかり！　マジでうざい‼」

　　　悲しい、むなしい……。でも、いい子でいないと認めてもらえない、自分に自信がない、見捨てられたらどうしよう。そんな風に考えてしまっていませんか？　伝えたい気持ちを適切に伝えるスキルを高めましょう。

ワーク　家族とアサーティブなコミュニケーションをとる

　家族は深い人間関係です。でも「親しき仲にも礼儀あり」の言葉の通り、親子だからといってどんな態度をとってもいいわけではありません。また一緒に暮らしていると逃げ道がないので、嫌な気持ちを長引かせないためにも時間をかけずに修復するスキルが必要です。

①嫌なことを頼まれた時、今まではどんな風に答えていた？

②本当はどう伝えたい？　どう伝えたら「気持ち」が伝わりやすいかな？

　　例「部活がハードで疲れてるから、少しゆっくりしてから宿題したいの」
　　　「早く休みたいくらい疲れたから、買い物はきょうだいに頼んでくれる？」

③友達だったらどう伝えるだろう？　インタビューしてみていい伝え方があったら書き留めておこう。

子どもの権利

　子どもの権利条約を知っていますか？　これは、18歳未満の基本的人権を国際的に保障するために定められた条約です。大まかに言うと、みなさんの「生きる」「育つ」「守られる」「参加する」という権利の実現を目指し、みんなで考え取り組んでいこうというのが、子どもの権利条約が目指すところです。

　まずは、子どもである自分自身の権利について知ることから始めてみましょう。

①命を守られ成長できること

　すべての子どもは住む場所や食べ物があり、医療を受けるなど、その命が守られます。

　海外では、衣食住が確保できずに命を奪われることも。すべての子どもたちが生きる権利を持っていることを知ってほしいです。

②学びの機会を得て成長できること

　勉強をしたり遊んだりして、持って生まれた能力を十分に伸ばして成長できるよう、教育や生活への支援などを受けることが保障されます。

　困ったりした時は誰かに相談して、一緒に考えてもらっていいんです。学びや出会いを通して、自分の力をたくさん発見してください。

権利はなんでもあり！ということではなく、社会の一員であることを自覚し、社会のルールを守るという「責任」と一体化しているんだ。

③暴力や搾取から守られること

紛争に巻き込まれず、有害な労働から守られます。また、虐待やいじめなどあらゆる暴力や搾取から守られます。

もし身近な人からの暴力などで悩んでいる時は、信頼できる大人に相談してみてください。最初の一言は勇気がいるけれど、きっと一緒に考えてくれます。

④自分の意見を自由に表現できること

自分の想いと向き合いながら自由に意見を言ったり、団体を作ったりできます。

安全な環境の中で、あなたが考えていることや想いを発信したり、興味のあることに参加したりすることで、自分を表現してくださいね。

大人は、この子どもの権利を守る「義務」があります。

おすすめの本

□ 夜空に泳ぐチョコレートグラミー
　　町田そのこ（著）、新潮文庫（2017）
　　人生のストーリーを親の視点、子どもの視点、友人の視点、恋人の視点と様々な視点で追います。自分のことを自己中だなぁと思っているあなた、人間関係の様々な視点からこの物語を味わってください。

□ イラスト版　子どものストレスマネジメント
　　伊藤絵美（著）、合同出版（2016）
　　自分のストレスを知り、自分を助ける方法を身につけることができる素晴らしい本です。

□ まんが　こども六法　開廷！こども裁判
　　山崎聡一郎（原案）、伊藤みんご（まんが）、講談社（2021）
　　学校生活の中にもたくさんの法律が関わっています。法律が子どもの味方であることを知る一冊です。

□ 赤ちゃんはどこからくるの？　親子で学ぶはじめての性教育
　　のじまなみ（著）、林ユミ（絵）　幻冬舎（2020）
　　イラストつきで、様々な性の疑問に答えてくれる本です。少し照れくさい内容もあるかもしれませんが、正しい知識を持っておくことであなた自身を守りやすくなります。

□ 心が落ち着き、集中力がグングン高まる！　子どものためのマインドフルネス
　　キラ・ウィリー（著）、アンニ・ベッツ（イラスト）、大前泰彦（訳）　創元社（2018）
　　この本に何度か出てきた「マインドフルネス」をやってみようと思った人にぜひおすすめ。温かい雰囲気の絵を眺めるだけでもマインドフルな気分になれそうです。

□ ころべばいいのに
　　ヨシタケシンスケ（著）、ブロンズ新社（2019）
　　「りんごかもしれない」でおなじみのシリーズです。嫌いな人、イヤなことに遭遇した時、あなたならどうする？　いろんな対処法について考えるきっかけをくれる本です。

□ 流浪の月
　　凪良ゆう（著）、創芸文芸文庫（2022）
　　「私が私でいるために、なくてはならないもの」とはなんだろう？　私を本当に理解している人はいるのかな？　私の居場所はどこだろう、ここでいいのだろうか？　そんなことを考えさせられる本。続きが気になって、サクッと読めます。オススメ！

□ 10才からの気持ちのレッスン
　　黒川駿哉（著）、アルク出版部（2022）
　　あなたは「自分の気持ち」を大切にできていますか？　この本ではいろんなシーンを例に「あなたならどんな気持ちになる？」と問いかけてくれます。十人十色の「気持ち」、あなた自身の気持ちについて一緒に考えてみませんか？

□ いのちの車窓から
　　星野源（著）、KADOKAWA（2017）
　　ミュージシャン、俳優としても人気の星野源さんのエッセイをまとめたものです。星野さんの鋭く温かい目線での人間観察による描写に「こう思ってもいいんだ」と共感できること間違いなし。

□ 中高生のためのメンタル系サバイバルガイド
　　松本俊彦（編）、日本評論社（2012）
　　心も身体も大きく成長し変化する思春期をどう生き抜くか。様々な大人が温かい視線で寄り添って一緒に考えてくれる本です。

　この本は、日頃子ども達の心のモヤモヤに伴走するカウンセラーやソーシャルワーカーたちが集まって、目の前の子ども達の「生きる力」を高めるための本を作りたいという想いから対話が始まりました。

　価値観が複雑多様化する現代の中で「今、子ども達が安心して生きやすくなるために必要となるスキルって何だろう？」、発達段階を踏まえながら「自分を知るために、どんな視点や気づきのきっかけが必要だろう？」と、問いを立て、対話を繰り返しながらワークを組み立てていきました。

　昨今、子ども達は、いじめや不登校、虐待、ヤングケアラー、貧困、教育格差など様々な課題が取り上げられています。表面化している課題のその奥には、子どもと家族の関係性、子どもの成育歴、経験、考え方のくせ、自尊感情、発達や心身の様子など個人の中にあるものから社会に関わるものまで様々な要因がからみ合っています。それらは、社会が抱える経済問題、雇用環境、社会保障、制度政策、さらには公衆衛生（感染症）、教育、ICT化……日々めまぐるしく変化する社会問題との関係性を分けて考えることはできません。

　そんな中で孤立の問題が広がっているように感じます。家族がいても友達がいても「つながっている」と感じられない、そんな風に心が孤立してしまうのは、子どもだけではなく、大人も抱えている生きづらさではないでしょうか。

　不確実さが増し複雑多様化する生活や社会の中でこれからを生きる子ども達は、生き抜く力として「非認知能力」を求められています。

　非認知能力とは、学業成績やIQのように数値で測れる（認知される）能力とは異なり、物事にやる気を出して集中する力、粘り強く取り組む力、自分のことを理解して選択する力、自己主張や他者と協力する力など、よりよく生きるための一連の力を指します。

　その力を高めるためには、愛着、ストレス管理、自制心といった自己理解に基づく自分自身のマネジメントを土台に、自己認識、関係性を築くスキル、実行機能などが次の段階として必要だと言われています（ターンアラウンドフォーチルドレンのリサーチ研究より）。

　また、心の成長、自己効力感、帰属意識、学校への適合がその上位概念としてありますが、本書は個人ワークやグループワークを通して、自分の想いや意見を発信する力、自分に今必要なものを選択する力、必要な人にSOSを発信する力が高まることを期待しています。他者との意見や考え方の違いに触れることで視野を広げ、誰かとつながりを感じることで孤立の解消や自己理解の深まりなどを感じ、帰属意識や自己

効力感などを高めるきっかけを提供することで、一人ひとりが自分の想いや力に気づき、柔軟に生きていくスキルを身に付けるため、この本が少しでも力になれたらこの上ない喜びです。

　最後に、本著を作成するにあたって大切にしてきたのは「対話」です。このワークを作成するにあたり、著者である私たち自身も対話を重ね、けっして一人では思い浮かばなかった視点や、心の奥底に眠っていた想いに気づくことができました。執筆がのろのろで迷走しがちな私たちに、根気強く寄り添い、共に考え、伴走してくださった合同出版の皆様、そして担当の齊藤様、この場をお借りして感謝申し上げます。
　本当にありがとうございました。

高口恵美

著者紹介
【編著者】

高口恵美（こうぐち・めぐみ）
精神保健福祉士、社会福祉士、公認心理師
2011年福岡県立大学大学院人間社会学研究科修了。精神科ソーシャルワーカーとしての勤務を経て、現在は、福岡県教育委員会などにおけるスクールソーシャルワーカースーパーバイザーや西南女学院大学保健福祉学部福祉学科の非常勤講師に従事する。

【著者】

大黒 剛（おおぐろ・つよし）
臨床発達心理士
九州大学大学院人間環境学府行動システム心理コース修士課程修了。人間環境学修士号取得。
児童相談所、スクールカウンセラーを経て、現在は児童養護施設、刑務所、保護観察所にてカウンセラー業務に従事する。

田島千穂（たしま・ちほ）
公認心理師、社会福祉士、精神保健福祉士
松山東雲女子大学人文学部人間心理学科より長崎国際大学人間社会学部社会福祉学科へ編入学し2007年卒業。松浦市教育委員会学校適応指導教室指導員を経て、現在、長崎県教育委員会スクールカウンセラー、長崎県立佐世保高等技術専門校PSWとして従事する。

松本智子（まつもと・ともこ）
臨床心理士、公認心理師
2005年横浜国立大学大学院教育学研究科修了。佐世保市子育て家庭課（現・子ども未来部）心理相談員を経て、2007年から佐世保市子ども発達センターにて幼児期～学齢期の子どもおよび保護者への心理支援に従事する。

本文デザイン　北路社
イラスト　まうどん
組版　関根千絵
装幀　椎原由美子（シー・オーツーデザイン）

子どもの非認知能力が育つ！
自分と他者を大切にする33のワーク

2023年11月5日　第1刷発行

編著者　高口恵美
発行者　坂上美樹
発行所　合同出版株式会社
　　　　東京都小金井市関野町 1-6-10
　　　　郵便番号　184-0001
　　　　電話　042-401-2930
　　　　振替　00180-9-65422
　　　　ホームページ　https://www.godo-shuppan.co.jp
印刷・製本　株式会社シナノ

子どもの
マインドフルネス
自分に自信が持てる55のヒント

今井正司［著］

常に目標を持って一生懸命うちこんでいる生活は充実しているように見えますが、「ありのまま」を大切にするマインドフルな気持ちは薄れてしまうことが多いものです。少しずつマインドフルネスエクササイズを実践して、楽しさや安心を感じてみよう。

●B5判／128ページ　定価＝本体1800円＋税

＊別途消費税がかかります。